Escape game à Brocéliande

逃脱游戏①

布劳赛良德森林

[法] 玛歌·布里盖（Margot Briquet）插画

[法] 埃里克·尼丹（Eric Nieudan）著

刘雨阳 译

机械工业出版社
CHINA MACHINE PRESS

Escape game à Brocéliande,

© First published in French by Vagnon, Paris, France – 2018 ISBN:9791027102716

This title is published in China by China Machine Press with license from VAGNON. This edition is authorized for sale in the Chinese mainland (excluding Hong Kong SAR, Macao SAR and Taiwan). Unauthorized export of this edition is a violation of the Copyright Act. Violation of this Law is subject to Civil and Criminal Penalties.

北京市版权局著作权合同登记　图字：01-2021-4886号。

图书在版编目（CIP）数据

逃脱游戏 . 1，布劳赛良德森林 /（法）埃里克·尼丹（Eric Nieudan）著；岳宜阳译 . —北京：机械工业出版社，2023.5
ISBN 978-7-111-73170-2

Ⅰ . ①逃… Ⅱ . ①埃… ②岳… Ⅲ . ①智力游戏 Ⅳ . ① G898.2

中国国家版本馆 CIP 数据核字（2023）第 082722 号

机械工业出版社（北京市百万庄大街 22 号　邮政编码 100037）
策划编辑：梁一鹏　刘　岚　　责任编辑：梁一鹏　王淑花　刘　岚
责任校对：张亚楠　李　婷　　责任印制：张　博
北京华联印刷有限公司印刷
2023 年 9 月第 1 版第 1 次印刷
250mm×210mm · 5 印张 · 55 千字
标准书号：ISBN 978-7-111-73170-2
定价：128.00 元

电话服务	网络服务
客服电话：010-88361066	机 工 官 网：www.cmpbook.com
010-88379833	机 工 官 博：weibo.com/cmp1952
010-68326294	金 书 网：www.golden-book.com
封底无防伪标均为盗版	机工教育服务网：www.cmpedu.com

推荐序

非常荣幸，第三次受邀为来自法国的解谜书写序。

我是一名真人密室逃脱职业玩家，对解谜类产品一直情有独钟。从2013年9月起，我便一直研究以密室逃脱为主的实景解谜游戏，在数独和魔方等益智类游戏方面也有所涉猎，也体验过不少国内的解谜书。有了"逃脱游戏"系列前两部作品本土化的经验，将这部新的解谜书本土化对我来说游刃有余。

这部法国的解谜书《布劳赛良德森林》以图画及文字为主要表现形式。读者应科迪拉女士的请求，踏入充满魔法与危险的布劳赛良德森林，去拯救戈德弗罗伊骑士。

这部解谜书以选择型剧情走向为主，书后附有大量的剧情分支，读者需要根据剧情引导，找到正确编号的剧情分支并做出选择，从而推进整个故事流程。不同的选择将引导出不同的结局，每一个选择都对是否能成功通关有着至关重要的影响。

这部解谜书的谜题难度适中，主要以体验剧情为主，比较适合喜爱探险故事解谜书的读者。希望本书能给你带来独特的阅读体验。

王蔚
2022年10月

游戏规则

怎么玩

在这个游戏中,你将会执行一项任务。你需要去探索一些地方、询问游戏中的人物、与敌人战斗、解开谜题并收集线索以完成任务。你在探索过程中需要的所有信息、谜底和答案,都集中在本书末尾,并以文本段落的形式从1到158编了号。

谜题和互动

当你解出一个谜题或谜语时,看看你找到的谜底是否出现在第71页的答案列表中(但请不要立刻阅读答案列表,这将影响你的游戏体验!)。如果出现了,你会得到一个段落编号,你可以阅读该段落的信息。有时谜底是数字,它直接对应一个段落。另外,在与人物的互动中,本书还可以给出段落编号供你选择。例如,你可能会读到:"面对这位站在你面前的骑士,你可以选择战斗(转至第234段),或逃跑(转至第219段)"。

与人物交谈

当你遇到一个人物角色时,你可以与他交谈。第9页列出了开始时你可以交谈的内容。在每个人物对应的页面,都有一个像这样的表格:

	A	B	C
1	169	254	197
2	500	233	469
3	199	202	175

每个对话都与一个代码(一个字母和一个数字)相关联。例如问题"你是谁?"与代码 A3 相关。所以,要向一个人物角色提这个问题,请查看他表格中的A3格,然后转到书末的相应段落,找到答案,不论结果好坏。你可以在游戏中收集更多的对话。别忘了把它们的代码记下来,并在遇到不同人物时,用这些句子向他们提问。

出发：按地图走

在探险过程中，你将不得不跟着线索换地方。但你不能为所欲为！在第10页，你会找到一张地图指示你能走的路，你必须逐个访问路上的各个地方，即使你不会立即探索它们。当然，布劳赛良德森林是一个充满惊喜和魔力的地方。也许你会有机会到其他地方……

资源与时间

你的移动并非没有后果：每一次地点转换都会花费你的时间——而时间是有限的。因此须用心管理时间。本书的第9页将会使你的任务更轻松：你可以记下你的资源状态、找到或丢失的物品、获得的信息和对话等。

你必须通过划掉第8页沙漏中的沙粒来计算在每个地方花费的时间。在表示地点的每一页或地图上，都有图画告诉你要划掉多少沙粒。一旦你移动，穿过一个地方到达某地，你必须要数一数沙粒。比如，若你从塔（第20页）到柳树（第68页），你会在泉水处（第42页）消耗一粒沙，巨石处（第24页）也会消耗一粒，柳树处三粒。

如果要划掉的沙粒不够了，则需要转至第158段。

冒险启航……

昨晚我梦见我在森林里散步。

沐浴在月光下的森林古老而神秘。在长满青苔的树林漫步许久后，我发现自己身处林中一片空地上，一位中世纪装束的绝世美人在等我。她与我讲话，但我不明白她在说什么。也许她说的是一种陌生的语言？但是，我确定她想表达的信息：她需要帮助。

当我醒来时，发现了床脚边的这本书。我相信它能帮我找到这位女士。为此，我必须去神秘的布劳赛良德森林。短短几分钟，我收拾了一些私人物品装进背包，并买了一张火车票。

我不知道是什么驱使我放弃一切去追逐一个梦，但我必须去。

我必须帮助这位神秘的女士。

我现在在布劳赛良德森林。我刚在树下走了几步，突然闪现的蓝光让我眩目。我转身片刻，再看时，我不再是独自一人。我面前站着一位美丽悲伤的女士。她对我开口讲话，清脆的嗓音似乎从远方传来。

"你来了！万分感谢你回应了我的呼唤。我遇到了巨大的困难：勇敢的戈德弗罗伊·德·侯斯特-福尔克被绑架了。仙女莫里甘把他关在森林的某个地方……都是我的错！我以为他骗了我，愤怒冲昏了我的头脑，我请莫里甘让他接受背叛我的惩罚。但之后我就知道自己错了，可是仙女拒绝听我的请求……你能帮我说服她吗？"

我怎么能拒绝这样的冒险呢？这位名叫科迪拉的女士提醒我，我只有很短的时间解救被囚的骑士。在继续前行之前，她递给我一个沙漏和一张地图，在她的世界里，沙漏记录着太阳升起前剩下的时间。

"要知道，来自未来的冒险家，你也可以踏足布劳赛良德的魔法世界。这可是个危险的地方，即使对于戈德弗罗伊这样勇敢的骑士来说也是如此，但我知道你比所有圆桌骑士加起来还要聪明！

"为了穿越隔开我们两时代的云雾，请摘下千年橡树的金色果实。正如你在地图上所观察的那样，它离这里并不远。橡树随着森林一起生长。它的根到达了岁月的黎明；它的花蕾望着时间的尽头；它的橡子有跨越时间的力量。

"尽可能多地携带橡子。森林中一些地方隐藏着通道和缝隙，金橡子的魔法可以帮你打开它们。但你要知道每颗橡子在哪里！

"最后一件事：一个人去很危险。拿着这把剑。谁知道在路上会有谁或什么阻碍你。你必须准备好用剑尖和剑刃去战斗，击败任何想置你于死地的人。

"去吧，勇敢的冒险者！"

我向科迪拉女士道别，踏上布劳赛良德森林冒险的道路，去寻找仙女莫里甘。

我可以前往第 10 页的地图。

时间管理

随着我不断前进，我会在这里勾掉沙粒。每次与一个地方有新的互动交流都必须打钩—页面顶部的符号告诉我要打多少钩。当我用完沙粒时，转到第158段。

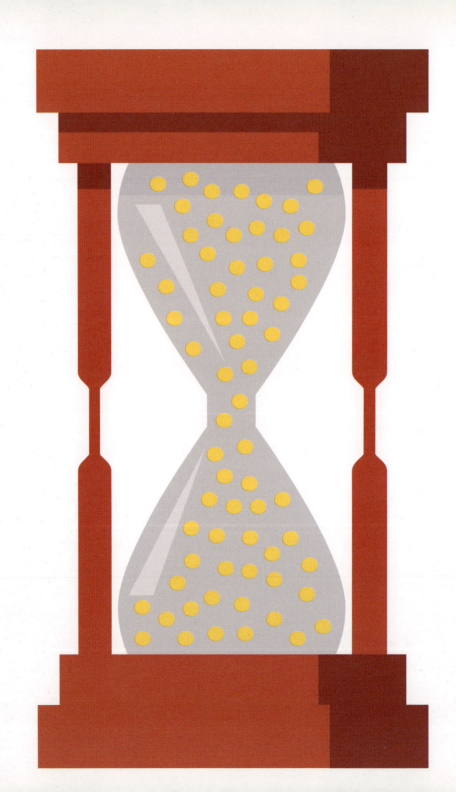

资源管理

我可以记下我找到的物品和我拥有的资源……或者我不再拥有的东西！

与人物角色的互动

现有的对话：
你是谁？ A3
你在这里做什么？ C2
你能帮我找到莫甘娜吗？ B1
如何解救骑士戈德弗罗伊？ C1

任务期间收集的对话：

我在一棵千年橡树前。
头上方的枝丫伸向远方,
弯弯曲曲、沙沙作响。
鸟儿在树叶中盘旋飞翔,
松鼠也在其中来回穿梭。在橡枝上,我发现了科迪拉女士跟我提过的橡子。巨大的橡子!握在手中,就像金币一样又凉又重。

我可以捡十二个。我希望够了……如果我想再回到这里捡,就会长出三颗新的橡子。但是必须在来的每个通道匀掉一粒沙子!

石头上的谜语似乎与另一个世界——布劳赛良德森林的魔法世界有关系。

如果我找到了谜底,我可以翻到第71页并看谜底是否就在答案列表中。

否则,我可以看看第10页的地图转至另一地方。注意别忘了我来过这里,要匀掉一粒沙!

要去云雾之外的魔法世界,
你必须猜出正确的词。
并知道在哪里放置
动物们的宝藏——橡子。
然后进入入口,
就可以看见异时空下的布劳赛良德。
我是谁?夜空静谧,
我是唯一的眼睛,
每天一睁一闭,
便能主宰潮汐。

1

这座桥已经很久没人走过了。

我不能过桥,但我可能可以游过河。

如果我选择这样做,就必须额外勾掉四粒沙子。

在决定做之前,我若能解开这个谜语,就能试着在某个地方种一颗金橡子。

我是谁?
苔藓中的花朵,
下雨后,
我便生长。
等到了秋天,
我便是林中珍品。
注意你走的小路!

1　多么迷人的地方！难怪这个池塘被称为妖精之镜。我想知道他们藏在哪儿……
他们打算对我玩什么恶作剧？

我是谁？
我是青蛙的屋顶，
我的花朵永不淋湿。

蜻蜓
(libellule)

1　现在我受到薇薇安的款待。她还是布劳赛良德森林的另一位仙女——湖中女神。我曾以为她住在水里，但我遇到的游客都不是这样对我说的……也许如果我找到可以放置金橡子的地方，我会知道更多。

每当雾气散去，
她就仰望天空。
中间满是蜂蜜色的星星，
静静地盛在翡翠色的盒中。

这座最初为堡垒的建筑显然不属于这个时代。这个旅游景点据说是重建的城堡土岗,即中世纪的一种防御工事,它由建在土堆上的小型木制建筑构成。我在什么地方读到过布劳赛良德森林的名字,过去被称为布雷斯利安,源于一个凯尔特语bré,意为"山",这可能与这类堡垒的建造位置有关。我在想是否可以使用金橡子进入传说当中……

狐狸
(renard)

在一片枯萎的树林脚下,领主掌管大权,领主儿子坐享其成。
他的铁制和金子做的武器就在这堵梧桐树墙后。

我刚把金橡子塞进橡树的树疤里，蓝光迸射便击中了我。我却没有任何电击的感觉或疼痛，只感到一股温热，这时我周边的景象变了。橡树还在，但却变得威严！尽管上了年纪，但它高大舒展，生机勃勃。我愿意相信它的根和枝会随着时间本身而延伸！

小妖精们漂浮在我周围，他们肩上如蜂鸟一样的翅膀嗡嗡作响。

"哦，没礼貌的人！"第一位小妖精说。

"未经允许，你不能把橡子放在任何地方！"另一个接着说，咯咯地笑着。

我并没有不知所措，假装不明白他们放肆的暗讽。

"嘿，你能给我们一些吗？"最大方的小妖精靠近我问。

我不可能把这些橡子让给他们。来这里我已经用了一个了……

但这些小妖精们提出和我做个交易：他们告诉我，在去见莫甘娜之前，最好先在岩石合围的石头圈下和薇薇安谈谈。如果我回答出他们的谜语，他们会告诉我更多……

> "考虑到扛一颗橡子需要两条胳膊和四个翅膀，同时我们又不能组成两个人以上的团队，那我们最多能扛多少个橡子呢？请注意：我们中的一个人必须至少腾出一只手来开关门。"

小心，每个错误的答案都会让我损失一颗金橡子！我可以同意或拒绝，如果拒绝我可以查阅第10页的地图继续我的旅程。不回答就离开这儿但要花费我一颗橡子。如果同意我可以把找到的答案乘以7，然后去阅读答案页中相应的段落。

1

这是墨林之墓！我期待更宏伟的发现。据说他并没有死，而是被森林中一位仙女囚禁了。我想知道我是否能解救他？这会让我的任务更简单！

这里发生了一些奇怪的事情。一条蛇看着我，不停嘶嘶作响。它似乎想告诉我一些事情。我走近了，但它却消失在一个空心树疱中。我敢把手伸进去树洞吗？

如果我敢，我会转至第 39 段。

在春天里，
国王和少女们会把我戴在头上。
我会给予死者安详。
我最大的敌人是时间。

蛇
(couleuvre)

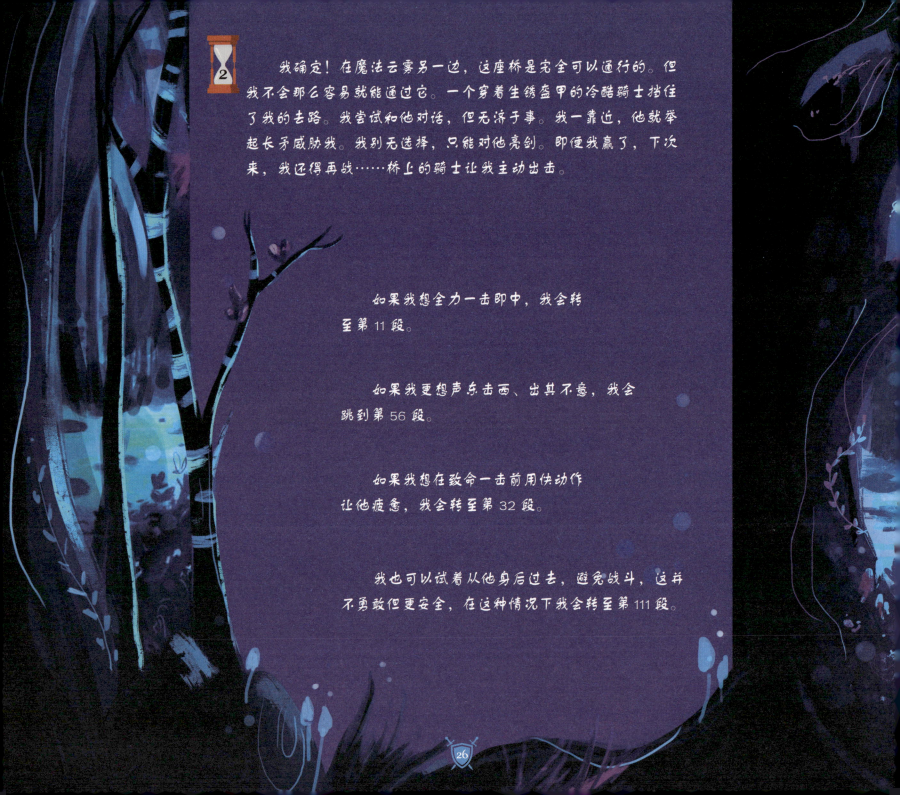

我确定！在魔法云雾另一边，这座桥是完全可以通行的。但我不会那么容易就能通过它。一个穿着生锈盔甲的冷酷骑士挡住了我的去路。我尝试和他对话，但无济于事。我一靠近，他就举起长矛威胁我。我别无选择，只能对他亮剑。即便我赢了，下次来，我还得再战……桥上的骑士让我主动出击。

如果我想全力一击即中，我会转至第11段。

如果我更想声东击西、出其不意，我会跳到第56段。

如果我想在致命一击前用快动作让他疲惫，我会转至第32段。

我也可以试着从他身后过去，避免战斗，这并不勇敢但更安全，在这种情况下我会转至第111段。

我睁开出于本能闭上的眼睛。显而易见，我不在湖底……如果仙女薇薇安住在这里，她肯定出去了。我应该仔细搜查房间，看看她去了哪里。

动物：ainmhithe
树：crann
盒子：bosca
天空：spéir
毁灭：scrios
水：uisce
女人：bean
火：tine

成长：fás
魔术师：draoi
大海：farraige
小：beag
恐惧：eagla
推回：brúigh
地球：talamh
变化：athrú

巫师用魔法把我带到森林里一个陌生的地方。他边打量我，大胡子后的嘴边低声轻笑。我觉得他彻底疯了。我还是可以问他任何对话列表中的问题。

结束谈话后，我可以转至第 91 段离开墨林（除非某个段落送我到其他地方）。

	A	B	C
1	19	100	36
2	90	150	54
3	15	110	116

领主苏利安在一座比真城堡更庄严的城堡迎接我。给我一杯上好的蜂蜜酒后，他提议与我下国际象棋。我犹豫了一小会儿，不愿浪费时间，但他戴着手套的手搭在我的肩上。

待卫们强迫我坐下。领主对我笑了笑，简单说了一句："你的白色小兵要将黑色的王俘虏了。下棋吧，带走那些棋子。"

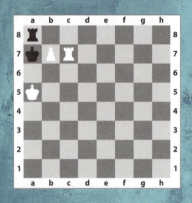

当我想好怎么下时，我将想移动的棋子对应的数字与它移动之后所在棋盘格的数字相加。棋盘格的数值在下表中已经注明。白兵值10，白王值20，白车值30。我去与计算得出的数值相对应的段落。如果这段话不以"将死"开头，那我就搞错了，我可以用另一个招数，但是我必须在第8页勾选一粒沙。下国际象棋需要时间！

如果我放弃或不想玩，我会直接跳到第94段，而不会再勾选沙粒。如果以后再回来见领主苏利安，我可以再玩一次。

♙ : 10   ♔ : 20   ♖ : 30

A4 : 75	B6 : 31	C4 : 88	C8 : 31	E8 : 9	G8 : 38
A6 : 48	B8 : 12	C5 : 97	D7 : 11	F7 : 47	H7 : 22
B4 : 24	C1 : 74	C6 : 80	D8 : 41	F8 : 59	
B5 : 85	C2 : 66	C7 : 26	E7 : 77	G7 : 3	

所以，这里就是巫师墨林居住的地方！如果他真被囚禁了，显然他已经找到了逃跑的方法。让我们看看他留下的这张羊皮纸……

把眼睛睁大些！留意本页和下一页那些码放得不自然的东西的数量！看看有没有隐藏的文字，有些东西看起来像是放反了一样，似乎是被翻找过了。可能之前有谁来过，但什么都没找到就离去了。

对于巫师墨林来说，隐匿身形应该是小菜一碟。再读读每段的开头，一定能找到墨林落下的痕迹！

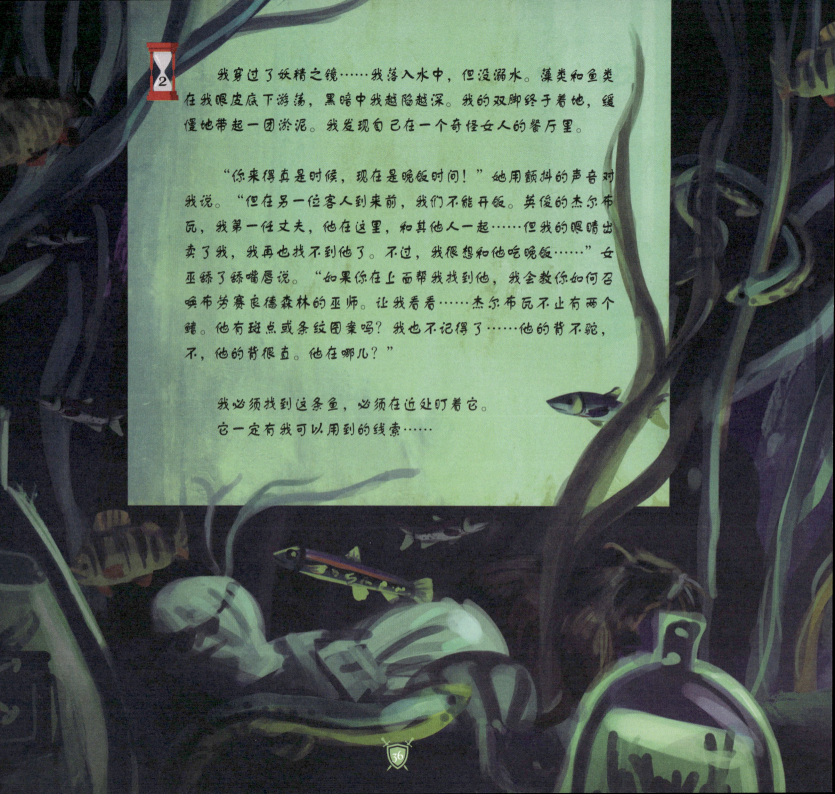

我穿过了妖精之镜……我落入水中，但没溺水。藻类和鱼类在我眼皮底下游荡，黑暗中我越陷越深。我的双脚终于着地，缓慢地带起一团淤泥。我发现自己在一个奇怪女人的餐厅里。

"你来得真是时候，现在是晚饭时间！"她用颤抖的声音对我说。"但在另一位客人到来前，我们不能开饭。英俊的杰尔布瓦，我第一任丈夫，他在这里，和其他人一起……但我的眼睛出卖了我，我再也找不到他了。不过，我很想和他吃晚饭……"女巫舔了舔嘴唇说。"如果你在上面帮我找到他，我会教你如何召唤布芳赛良德森林的巫师。让我看看……杰尔布瓦不止有两个鳍。他有斑点或条纹图案吗？我也不记得了……他的背不驼，不，他的背很直。他在哪儿？"

我必须找到这条鱼，必须在近处盯着它。它一定有我可以用到的线索……

这也太奇怪了！据我所知，我仍在真实的世界中……但这人似乎是从历史书中出来的！当我走近时，她脸上的笑容凝固了。对我说：

"站住，你这家伙！我是卢甘，我不能让你过去，活人！我发誓要对付任何走在这条路上的人。"

无论我问她什么问题，她都坚定地说她发过誓。她向我解释道：

"这儿的女王仙女莫里甘认为我不忠。但因为我是女人，她不想把我和你要去山谷解救的骑士们关在一起。她让我做出选择：要么保卫这条路，要么摧毁我的出生地，一个在遥远的加斯科尼山区的小村庄。我只好以我的名誉发誓，可恶！"

如果我想迎战卢甘，我会转至第46页。
如果我想强行通过，我要去读第104段。
否则，我可以去城堡的小土岗。
如果我已经来过这里并与卢甘对战，她会让我通过。如果我坚持，她同意再次和我一起战斗。我可以去第46页再次战斗。

> 3　这个矿已经多年没有使用了，森林的植被已经覆盖了通往这个矿的道路。这里有一个通道吗？

青蛙
(grenouilles)

与我的兄弟们航行海上，从黄昏到黎明。
我将许多宝藏搬进我的铁肚子里。
不畏狂风、暴风雨和飓风，
这样您就不管在哪儿都可以掌控一切。

1 在穿越过布劳赛良德森林后，巴伦顿喷泉的凉爽并没有坏处。传说中这个泉水有魔力，比如能揭示未来或掀起风暴。轮到我去喷泉了，在我所处的情况下，了解我的未来会非常有用……

如果我愿意，我可以去第 89 段品尝泉水。

野猪
(sanglier)

苗条，像美洲虎一样有斑点，我在野猪附近。

仙女莫甘娜发现我不屈从她,她装出憎恨的样子。当她化身时,发出一声尖叫,而后又变成了可怕的咆哮。看到这景象,我吓瘫了:布劳赛良德森林女王化身为一条传说中的龙,它的额头上闪耀着莫甘娜的石榴石。我一秒钟都不可以浪费。

我大胆攻击,拔剑:第122段
我等待怪物的攻击:第144段

我手握剑，发现自己面前站着身披武装盔甲的骑士。我必须决定攻击她哪里。在下表中，我可以找到每个区域对应的段落。

AG : 108	BG : 20	CG : 38	DG : 25	EG : 25	FG : 108
AH : 108	BH : 20	CH : 38	DH : 38	EH : 130	FH : 108
AI : 83	BI : 83	CI : 74	DI : 130	EI : 130	FI : 130
AJ : 108	BJ : 98	CJ : 74	DJ : 134	EJ : 130	FJ : 130
AK : 108	BK : 74	CK : 98	DK : 134	EK : 108	FK : 108
AL : 86	BL : 86	CL : 74	DL : 134	EL : 86	FL : 86
AM : 86	BM : 86	CM : 86	DM : 134	EM : 134	FM : 134

吴甘娜证我看到了死亡使者：死神在追着者。尽管距离很远，但我听到他阴森地抱怨着来自另一个人时空里的冒险者在这里无所事事。她说现在森林的入口处。我在这里也遇见了科迪埃女士并开始了我的探索。我可以用铅笔，贴纸甚至黏面团注明他在她图上的位置。在我接下来的冒险中，她会试图追着我。每次我移动时，她都会以某个地方向我走来。在决定了要去哪之后，我必须将死神向我移动的方向移动一个位置，沿着尽可能最短的路径。要注意的是，如果我要句这一粒沙，即使位置不变，死神也会前进一个位置。我从柳树处继续我的探索。

但如果她遇上我，我会去读第120段中所描写的发生在我身上的事情。

[1] 我先低声尝试着念咒语,接着当我开始头晕时,胆子更大了。我周围的房间模糊起来,仿佛被阴晦的雾气吞没。当浓雾消散,我发现自己在一个岛上!四周是浩瀚的大海……

"你有魔法天赋,"仙女微笑着对我说。"我是薇薇安。"她补充道。我做了自我介绍,美丽的女士邀请我坐在她旁边。我没有很多时间,但我同意使用下面的表格进行互动。除非另有说明,在阅读了她的回复后,我可以回到这里继续谈话。

我结束了谈话,仙女打了一声响指,我又回到了第18页。想要回到这里,我必须从头走一遍。

	A	B	C
1	47	156	121
2	140	138	58
3	53	1	103

2

我高兴地发现了如同仙境般的泉水。这里比夏日傍晚的咖啡馆露台更受欢迎！我过去饮水解渴，看到小妖精弓着身子在他的羊皮纸上喃喃自语，"……我拿着三个，把头发剪成四段。"或者……四脚的特洛伊木写……不，也不是。当他注意到我时，问我是否可以帮他解决国王命令他解答的问题。他的羊皮纸上的字是用我不懂的语言写的，他大声读给我听：

知道骑士罗宾离开了不忠恋人的山谷，
为了去大橡树下寻找他的爱人，
知道罗宾不喜欢下国际象棋，
知道他用了比需要的时间长三倍的时长，
知道赢得决斗需要多两倍的时间，
骑士罗宾需要多少沙粒才能离开布劳赛良德森林？

当我得到答案时，我将这个数乘以5并转到相应的段落。
如果它不以"赢了"为开头！那就是我弄错了，可以再试试。

只要我愿意，我就可以和这个小家伙说再见，然后回到地图继续我的探索。

在离不忠的骑士营地不远的地方，我终于找到了骑士戈德弗罗伊。虽然我的目的达成，但这喜悦却很短暂……他究竟发生了什么事情？

我可以用我对话清单上的内容与他互动。

	A	B	C
1	30	72	101
2	93	112	68
3	141	124	137

德克斯菲尔国王的王冠在我手中！我感到魔力就在我的指间颤动：如果我把它戴在头上，我就能统治这些小妖精们了……

我还可以利用它的魔力将自己送到地图上任何地方，或去我已经去过的魔法世界，却无需消耗相应的沙粒。但这只能奏效一次。

为了把王冠带回妖精王国，我一直走到妖精王国那里，然后我去读第 132 段。

1. 这是仙女莫甘娜告诉我的地方。我在这儿一位骑士也没见到,但我想他在薄雾的另一边。我要做的就是解开谜题,找出在哪里种下一颗金橡子。

刺猬
(hérisson)

它是一个令人难忘的地方,在那银色的表面上,你能看到另一个一模一样的你。

我就在妖精国国王面前！他被称为德克斯菲尔，我尽量避免说出这个名字。我尽可能彬彬有礼，请他把戈德弗罗伊骑士的剑还给我。国王听了我的要求，开怀一笑中却带着不屑。

"这是一个崇高的任务：解救一个被无故囚禁的骑士！但我离不开这把绝世之剑，除非把我的王冠还给我。"

答非所问的谈话！谈话持续了几分钟，直到我确定：妖精国国王丢失了他的王冠。如果我帮他找到他的王冠，他愿意把暴风剑还给我。当我问他是否知道在哪儿丢失时，他只说：

"当我沐浴的时候，从我的头上掉的。所以去有水的地方寻找。"

从现在开始，无论我走到哪里，我都可以寻找德克斯菲尔国王的王冠。为此，我将我所在地方的两页页码相加，然后转至答案页的相应段落。

如果它以"尤里卡！"开头，我就会找到王冠。否则，就无需继续阅读，因为我走错了路。

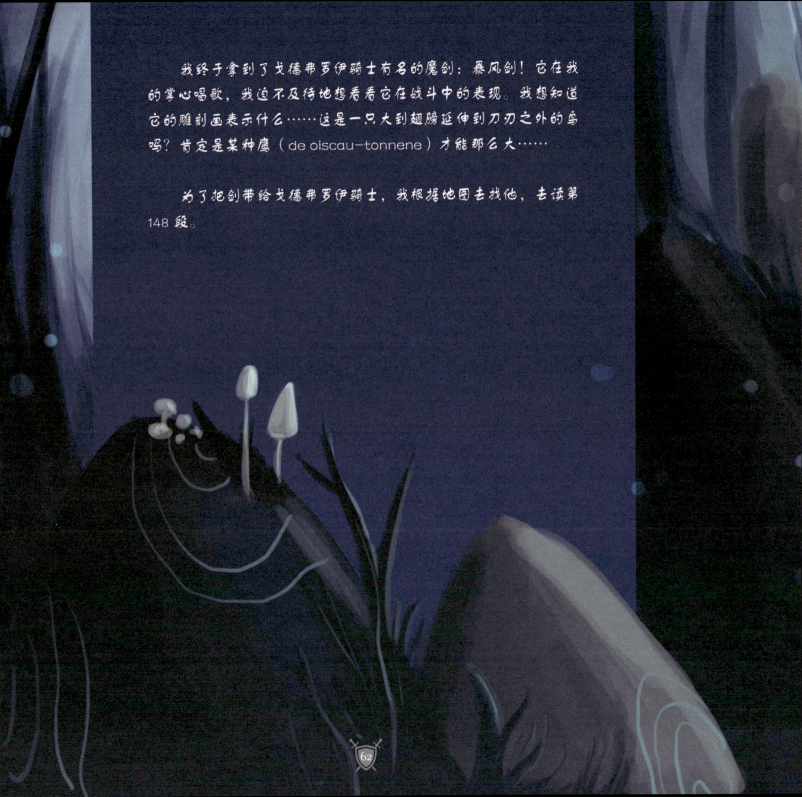

　　我终于拿到了戈德弗罗伊骑士有名的魔剑：暴风剑！它在我的掌心唱歌，我迫不及待地想看看它在战斗中的表现。我想知道它的雕刻画表示什么……这是一只大到翅膀延伸到刀刃之外的鸟吗？肯定是某种鹰（de oiscau-tonnene）才能那么大……

　　为了把剑带给戈德弗罗伊骑士，我根据地图去找他，去读第 148 段。

在薄雾的另一边，我发现了无精打采的骑士们的营地。我已经可以想象莫甘娜的囚犯可能更痛苦……

我可以用我对话清单上的内容与骑士互动。

	A	B	C
1	19	72	97
2	85	42	131
3	106	136	129

恋人终于团聚了！在这个令人难以置信的夜晚，穿越布劳赛良德森林时，疲劳、痛苦、风雨和颠簸接踵而至……但这一切都在这令人感动的场景面前消散。经过漫长的分离后，科迪拉女士与她的骑士终于团聚了。

我感到很欣慰，我要解救这些不忠的骑士，他们提出要和我干杯以表感谢。他们已经习惯了舒适的监狱，以至于并不急于回家。几杯酒后，戈德弗罗伊和科迪拉女士加入了我们。科迪拉感动得说不出话来，她的眼神充满了感激。

另一边，骑士感激地用肘部轻撞我一下，却让我疼得龇牙咧嘴。"谢谢你的帮助，神永远保佑你，来自异世界的骑士，"他说，"我几乎一无所有，所以请你留下暴风剑。你已经不止一次证明了自己，我敢肯定墨林跟亚瑟·潘德拉贡国王谈起你的功绩时，亚瑟国王会想见见你。"

这些赞美让我无言以对。当我恢复正常生活重新踏上旅程时，太阳高悬于百年老树之上。

我把暴风剑捆在包上，每走一步都会发出叮当声。谁知道我什么时候又会需要一把魔剑？

我不知道在去找莫甘娜仙女的路上我在期待什么，但肯定不会是在一棵老垂柳枝下找到一个不起眼的帐篷。当我走近帐篷，里面的女士没怎么注意我。我可以尝试用对话与她互动。

	A	B	C
1	117	154	147
2	115	142	46
3	4	102	75

笔记

互动、线索和谜底

如果您找到了一个谜语的谜底，并且该答案在下面已指出，请转至其后标注的相关段落。

爱丽丝·里德尔：139	枯叶：37	睡莲：50
船：79	花：123	栅栏：143
盾牌：153	森林：10	倒影：62
桦树：64	蕨类植物：146	壁垒：157
蘑菇：152	橡子：24	隆塞斯瓦利艾斯的罗兰：135
橡树：114	青蛙：88	柳树：151
集装箱：125	豹：119	太阳：34
花环：127	月亮：77	摩纳哥的斯蒂芬妮：133
蟾蜍：33	雏菊：29	向日葵：59
国际象棋：155	充好汉的人：48	紫罗兰色：63
埃尔明斯特：66	地铁：73	木琴：19
池塘：70	妖精之镜：84	天猫座骑士伊万：45

1. 仙女薇薇安用奇怪的眼神看着我。"你能问我这个问题已经有了很大的进步，来自未来的骑士……而且你还会进步！森林的小妖精们住在布劳赛良德森林另一边的老矿井下。快点，因为时间不多了！"我回到第 50 页。

2. 当龙升到空中时，我奇迹般地紧紧抓住了它的鳞片。它不喜欢这样！它背脊弓着，毫无忌惮地摇晃着，我好几次都差点滑下来。我离森林地面越来越远。我不能像这样太久：飞龙盘旋，俯冲，试图把我甩下去！
▶ 我试图向它的头部爬去：第 126 段。
▶ 我在离地面近的时候伺机跳到地上：第 122 段。

3. 狐狸（renard）冲我使眼色！墨林的声音从他红嘴巴里冒出来。"苏利安领主喜欢做游戏。嘻嘻，如果你还没准备好绞尽脑汁地思考，就不要去看他了！别忘记：一个不惜一切代价想要赢得战斗的士兵有时必须反水，嘻嘻嘻！"

4. 女士缓缓地把头转向我。她威严的目光仿佛千斤重，要将我碾得粉碎，她似乎用一个简单意念就能使我不得动弹。"我是莫里甘，这里的女王！凡人世界的传说称我为莫甘娜。告诉我是什么把你带到了我的森林，如果你不想被我诅咒的话！"我最好在她不耐烦之前问她另一个问题（第 68 页）……

5. 格洛阿奇（我们称之为布劳赛良德森林的老女巫）抓住鱼，对它小声嘀咕……然后把它拿进了她的厨房！我想我不会留下吃晚饭。当女主人清空可怜的杰尔布瓦的内脏时，我会要求她信守承诺。"你见过墨林吗？他有点矮，但聪明，你知道吗？他在坟墓里眯着一只眼睛睡觉……找到他，轻轻地摇摇他，他会帮你的。整个森林到处是他的眼线！"我回到第 16 页。

6. 野猪（sanglier）把鼻子转向我，闻了闻。"你的探险进展如何，来自现代的骑士？你找到有权力的人了吗，戴着头盔的？还是我太早了？嘻嘻，有时我会混淆现在和未来。到森林深处去找！"

7. "我们比看起来更强大！"小妖精抗议道，他们让我的一颗橡子滚向他们。我必须尝试另一个谜底，或者承认猜不出谜底。

8. 格洛阿奇的海狸鼠朝我微笑（我以前不知道啮齿动物会笑，但在布劳赛良德森林遇到的奇怪事情一桩接一桩）并带我到了一个脏角落。他在这里的污泥中挖坑，直到我看到了耀眼的金光！墨林发出一声尖利的笑声后走远了，任我掏出了三颗金橡子。我将它们添加到我的财产里。

9. 刺猬（hérisson）对我说："你见过死亡使者吗？如果没有，那也不会太久了！听我的建议……从我用死作假的那一刻起，我知道我在说什么，嘻嘻嘻！在口袋里装上一些金橡子用来换取你的自由。"

10. 我就在森林里，但我不知道用这个信息做什么。

11. 我冲上前举起剑。但是穿着生锈盔甲的骑士比我还快！我的剑挥偏了，他的长矛柄打到我的下巴。我头晕目眩，膝盖快要跪地。"投降吧！"骑士用死人般的声音说。
▶ 我没有这样做，而是加倍努力：第 81 段。
▶ 我试图佯攻：第 56 段。
▶ 我投降，希望对手能饶我一命：第 82 段。

12. 懒洋洋的蜻蜓（libellule）嗡嗡地向我飞来，落在我的手上。它的复眼盯着我，用墨林的声音在我耳边低声说："你认出了我，嘻嘻！到池塘下面同毛茸茸的亲切的格洛阿奇交谈，他会帮助你的。嘻嘻嘻！"

13. 你读这一段的时候，只有一只羊（mouton）吗？在开始战斗之前，我盯着羊片刻，我听到墨林的声音对我耳语："你忘了问其他羊的意见吗？我朋友薇薇安那里吃草的羊本来可以帮你的，嘻嘻嘻！"

14. 搞错了！小妖精们跳了一小段胜利之舞，夺走我一颗金橡子。我必须尝试另一个答案或放弃。

15. 老人用嘲弄的眼光打量我，"你肯定知道我是谁，瞧瞧。我是米尔丁·维尔特，人们说我是魔法师。不要被我的外表所迷惑……嘿嘿！像所有伟大的德鲁伊一样，我一直在改变它……"我可以回到第 30 页尝试另一个对话。

16. 在用法语和我说话之前，青蛙（grenouilles）用响亮的呱呱声向我打招呼："是我，墨林。我来告诉你在这片水域之下，有一条神奇的通道。潜下去！你发现自己在巴伦顿喷泉里……嘻嘻。真是神奇！"我可以从这里到喷泉处（第 42 页）。请注意，这是一个单向通道！

17. 双脚牢牢地踩在地上，双手握着长剑，我看着天空中的龙在我周围盘旋。暴风剑的魔法还没有恢复，我只能等待……
突然，巨兽像猛禽一样向我猛扑过来，爪子向前伸着。我侧身潜入，但还不够快：一只长爪子像刀一样，抓伤了我的大腿。我着地失败，与地面的冲击出乎意料。我隐约感觉到龙已降落在我附近，准备将我撕成血肉模糊的碎片。好歹落地了，我仰面躺着，剑指向我。
▶ 我冒险并转为攻势：第 78 段。
▶ 为了逃命，我赶紧溜：第 51 段。

18. 是的！多亏了蛇（couleuvre）的魔法，我懂了蛇的语言！"嘻嘻！你现在是个真正的巫师了……"她说，把鼻子从洞里伸出来。"或者他是德鲁伊？嘻嘻嘻！要知道墨林可以变成森林中任何动物的样子。考虑和他们谈谈，你遇到的也许就是他。"

19. 我没有得到任何回应。

20. 在卢甘能够准确击中我前，我的剑与她的斧火光相见。剑斧相遇，火花四溅。骑士有一瞬间失去了信心。我可以给她时间重新站稳脚跟（第 41 段）或发挥我的优势并击中我选的暴露部位：腿（第 108 段）或头部（第 38 段）。

21. 小妖精们并不掩饰他们的失望。"正确答案是 3！"小妖精们带着气恼的神情说。"仙女薇薇安住在一座石屋里，在你必须通过的一座桥后面。告诉她你是从我们这儿去的，这能让你躲开一两次魔咒！"在我的对话列表中，我可以增加："我从小妖精们那儿来。A1。"
小妖精们窃窃私语了一会儿，然后向我提出了一个建议：如果我给他们一颗金橡子，他们就告诉我森林的其他秘密。

▶ 如果我同意，就从第 8 页的库存中取出橡子，然后转至第 145 段。
▶ 否则，我可以离开并返回橡树处。

22. 将死了！解决方法不是很正统，但却是唯一的方法：我将白兵向前移动一步，并用黑马替换它。黑王无处可去，白棋获胜。苏利安一秒钟都没有把目光从我身上移开，他把三颗金色橡子递给我，朝我笑了笑。我把它们放到我的库存中。转至第 113 段继续。

23. 我仔细地检查雕刻的鹰（de oiscau-tonnene），发现它栩栩如生。更令人惊讶的是，它用墨林的声音跟我说话！"传说中的骑士总应有一把魔剑，嘻嘻嘻！"鹰说。"暴风剑能击倒你的敌人。"它补充道。
如果我想在战斗中召唤暴风剑，可以简单地将我所在的页面（左侧）的页码加 23，然后转到相应的段落。

24. 我没发现与橡子的关系……

25. 我的剑快速挥过，割断了女骑士的羽毛，它们轻轻地落在她头盔的两侧。她后退了，明显折服于我的实力。战斗在第 41 段继续。

26. 羊群来了。它们用同样的声音和我讲话，又是墨林的声音。"嘻嘻！仙女不会告诉你有关莫里甘或怪物的事！当你面对她时要小心你的四肢……有时必须流一点血才能获胜。别忘了，嘻嘻嘻！需要认真面对大蛇。"

27. 胜利了！骑士受了伤，虚脱地趴在我的脚下。因战斗激烈，我的胸膛上下起伏得厉害，我俯身向他。他向我伸出手，我扶着他帮他站起来。他跟跟跄跄走着但背挺得直直的，承认了我的胜利。"在去布劳赛良德森林的路上小心，战士，"他对我说。"如果你意外受伤，请在凉爽的喷泉中以求恢复……"我点点头，保证会记住这个建议，然后离开了这里。我可以查看第 10 页的地图，决定下一步去哪里。

28. 小妖精们笑着从我这里拿走一颗橡子。我可以试试另一个答案。

29. 我在这朵美丽的雏菊下种下一颗金橡子，这朵雏菊的花蕊黄似蜂蜜，蓝色闪电将我传送到了第 28 页。

30. 戈德弗罗伊骑士困惑地看着我。"小妖精们？她们想从我这里得到什么？"我真不知道该怎么回答他，回到第 54 页的对话。

31. 我在这张边桌上没找到任何信息或秘密抽屉。

32. 我不想冒太多风险，我用剑尖挑衅对手。我像拳击手一样前进、后退、跳跃。尽管他已经习惯穿这沉重的盔甲，但我很快就感觉到了他的吃力。在锈迹斑斑的头盔下，他的呼吸沉重起来，就像铁匠的风箱一样。当他用没有瞄准的长枪向我袭来时，我用脚踩住他，剑柄朝他的头盔上猛击。一声巨响！伴随着响声，守桥人跪倒在地。到第 27 段继续。

33. 呱？我以为我听到了一只蟾蜍在叫。但不是，什么都没有。

34. 我仰望天空。太阳照常升起落下……我却没有前进。

35. 有人从这面镜子里看着我！哦不，这只是我的镜像……毫无疑问，在魔法世界中度过的这段时间让我怀疑这些最微不足道的东西都被施了魔法。

36. 老人叹了口气。他突然看起来更老、更累了。"只有施咒的人才能打破咒语。要是我年轻五百岁就好了……"我可以从第 30 页继续与他交谈。

37. 我聚拢了一大堆枯叶……不，这对我没有任何帮助。我得试试别的。

38. 在骑士能够拿到她的斧头之前，我用剑猛击她的头盔。她大叫一声，摇摇晃晃。我可以借机狠狠地砍她的脖子（第 44 段）或退后让她喘息片刻，然后再继续决斗（第 41 段）。

39. 我小心翼翼地把手伸进了蛇盘踞的树洞……它没有咬我，我拿着一小块羊皮纸抽出了手，在上面我可以认出苍蝇腿般细小的文字。我成功破译了以下信息：要与布劳赛良德森林的动物交谈，请将与其名字中的元音相对应的数字相加。A=1；E=2；I=3；O=4；U=5。例如，cErf（鹿）值 2，OIE（鹅）值 4+3+2=9。
我可以像这样和蛇（couleuvre）对话吗？

40. 这个贝壳很漂亮，但其中没有任何蛛丝马迹……

41. 决斗继续，我们的武器来回对抗了几分钟。

41. 我的对手看起来很坚决，但我感觉她更多在试探我而不是要打败我。最后，她请求我停止战斗。我比她喘得更厉害，便同意了。去第 118 段继续。

42. 年轻的骑士大笑起来。"死亡使者？如果他在追你，最好把你的东西整理好。他从不在追上猎物之前停下……"我可以回到第 64 页继续对话。

43. 墨林墓中的木马突然活了。它挣扎着站起来，然后把头转向我。"嘻嘻嘻！你发现我了。观察力太强了！"我靠近这个会说话的玩具，以便更好地理解它说的话，但我的视线变得模糊，我发现自己对面是魔术师墨林！我可以去第 30 页与他说话。

44. 骑士也战胜不了如此难以对付的对手。我举起剑，向保护卢甘脖子的铠甲砍去。剑刃并未刺穿铠甲，但她却被击倒了。我走近她准备用剑尖攻击她，但她大声求饶。她摘下头盔，深吸一口气，惭愧地看了我一眼。"你打败了我。你可以下到山谷，高高的悬崖边长满了树木。"她在返回营地前说。她拒绝再和我说话，我别无选择，只能继续上路。

45. 英勇的骑士伊万与其说是天猫座骑士不如说是狮子。这个完全错误的谜底浪费了时间，勾掉一粒沙。

46. 仙女目光炯炯。"我在这干嘛？太大胆了！"她抗议道，"我统治这里，这就是我做的事！"布劳赛良德森林女王招呼我坐在一张小凳上，不让我继续开口。我怎么努力都白搭，舌头麻痹了……我的腿也不听使唤了。我就这样等待着，被莫甘娜的魔法囚禁着，在此期间她也完成了她的刺绣。当她再次同意听我说话的时候，已经过去了几个小时（我必须勾掉两粒沙子）。但我终于可以试试第 68 页的其他对话了。

47. 我提到了魔法橡树的小妖精们，仙女薇薇安随即给了我一个温暖的微笑。她立刻主动提出帮我，而我不必再问清单上的其他问题，因为这会给我带来麻烦。我可以去读第 156 段。

48. 冒充英雄？接下来还有什么？

49. 暴风剑以飓风般的力量从鞘中迸出。我别无他法，只能用剑尖指向对手；剑尖冒着明晃晃的寒光，迎面击中了盔甲生锈的骑士。下一刻，他就已经躺在了地上，身上的盔甲冒着烟。我可以转至第 27 段，我注意到，如果我再过桥，将无需再与这个对手战斗了。他还活着，但已经挡不了路了。

50. 我放了一颗金橡子在池塘的一朵睡莲上，穿过薄雾的门开了……就在我的脚下！沐浴在蓝色的魔法光芒中，我掉到了水下。我会被淹死吗？去第 36 页找出答案。

51. 大龙的爪子扑到一秒前我还站过的地方，刨着地面。我艰难地站起来，正好看到怪物的头朝我冲过来。它额头上的石榴石一瞬间光芒四射……说不定我还有机会呢！
▶ 我不顾安全，抓住大龙并试图击中石榴石：第 87 段。
▶ 太冒险了，我没有攻击它以重新保持距离：第 144 段。

52. 我向后跳起，避开了会斩断我脖子的斧子，然后向右移动一步准备予以痛击。卢甘的反应如我所料：她举起盾牌。我全力迎面击中了盾牌裂痕的部分，盾牌裂成了两半！她吃了一惊，我继续不断用剑刺向她，她用盾牌的挽手继续与我周旋。她有足够的气息透过头盔对我笑对我喊，一个好的格斗者应该总是善于利用对手的弱点。去第 41 段继续战斗。

53. 湖中女神严厉地看着我。"你瞧不起我？如果你不相信我就是薇薇安，我可以给你瞧瞧我的魔力！"说完这些，她举起双臂，一股有巨大力量的风将我托起并带走。在这旋风中，我飞过海浪，飞向森林中的坡地。幸运的是，魔法让我缓缓降落在一个我熟悉的地方。是那棵橡树……我转到第 12 页继续我的旅程。

54. 在回答我之前，巫师坐到树干上。"哦，但我也再做不了什么大事了。我幻化成一种或另一种动物的样子来了解最新消息……但如果你不怕蛇，你可能已经知道了，嘻嘻！然而，莫里甘没给我任何喘息的机会。如果我出现，她甚至会召唤死亡使者来抓我！估计我年纪大了，不能留在凡间……"老巫师带着开心的笑容思索良久，才想起我还在一旁。"另外，你也要小心。如果阴险的女王追捕你的时候放了死神，我也不会感到惊讶！"我可以回到我的来处继续对话。
我可以在第 9 页的列表中添加以下关键句："如何避免死神？B2。"我返回第 30 页继续对话。

55. 莫甘娜贪婪的笑容浮现在脸上。"你在犹豫不决！"她蔑视地对我说，"你有机会，但没抓住！"然后她转身背对我，假装要走开。当我试着跟着她求她时，我的腿却不听我的使唤。我垂下眼睛，惊恐地发现我的腿被卡在石头里。一会儿后，我将和山谷的骑士们的命运一样有去无回……这是我在布劳赛良德森林冒险的终结。

56. 骑士可能是很好的决斗者，但我有计谋！我假装向他的右肩进攻，然后转身打在他的左膝上。一声痛苦的叫声在他的头盔下回荡，"哐当"一声，他倒在了地上。去 27 段继续。

57. 我从各个角度检查这幅画，看了看背面，但什么也没发现。

58. 仙女带着甜美的微笑回答我。"哦，我在休息。你不知道在布劳赛良德森林的生活是多么的累人。还有那些虫子！"。她话音未落便懒洋洋地伸了伸懒腰。"阳光和水对我有好处。毕竟，我是湖里的女神！你为什么不陪我休息一会儿？"不管我多想告诉她我只有等到日出才能救出戈德弗罗伊骑士，仙女都不让我开口说话。她掠过我的皮肤，我发现自己挨着她躺在了沙滩上。小睡也无伤大雅……当我醒来时，已经浪费了很多时间：我勾选了三粒沙子。我可以在第 50 页继续对话。

59. 在向日葵附近种植橡子无济于事。我把它捡起来试试别的地方。

60. 我的末日不需要很久就会到来。大龙把我吞进嘴里，疼痛是短暂的。仙女莫甘娜的胃成了我的葬身之地——结局黯然，但却不寻常。它将是个有趣的墓志铭。
我的探索到此结束。

61. 杯子很漂亮，但它是空的……

62. 倒影确实清楚地出现在某物上，不是吗？

63. 紫罗兰？什么紫罗兰？无论我尝试做什么，都是徒劳的……

64. 野猪的旁边是桦树，对吧？谜题不总是好的谜题，我边在斑驳的树干脚下种下金橡子边这样想。在聆听了一会儿泉水的潺潺声后，神奇的事情发生了。随着一道蓝色闪电，我被传送到薄雾之外，来到第 52 页。

65. 赢了！这个小家伙名叫德科斯托阿莱特，感谢我帮他解决了问题。为了谢我，他给了我一个银色品酒杯。"用这个酒杯喝一大口泉水，你会节省时间！"他轻笑一声跳到地面，消失在了两棵树之间。如果我想听从他的建议，我会去第 99 段。否则，我可以穿过薄雾，从巴伦顿喷泉继续我的旅程。

66. 冒险家，你玩错了游戏。魔法师埃尔明斯特可能以前曾拜访过他在布劳赛良德森林的同伴，但他很久前就回到了暗影谷。

67. 就只用一把剑来对抗这么大的怪物吗？这对我来说几乎是形同虚设。我将暴风剑指向双足大龙，还召唤来鹰。一道散发着臭氧味的闪电击中了龙的鳞片，它愤怒、痛苦地咆哮着。当我想重新举剑时，暴风剑却毫无反应。已经没电了？这把剑比我的旧手机还差！大龙在我面前拍打着翅膀，闪耀着宝石光芒的额头向下投掷着致命的碎石。它在一片尘埃中飞起来了！
▶ 我向前跳起到它的背上：第 2 段。
▶ 我站在地上：第 17 段。

68. 骑士突然恢复了镇定。他尽自己最大的努力站起来，自豪地对我说："我被监禁的原因很简单：背叛和谎言！有人在法庭上散布了我对美丽的科迪拉女士不忠的消息，她已将她的心托付于我。当这些谣言传到我耳朵时，我选择一笑置之。如果我知道仙女莫里甘会因此来找我，让我遭受这样的命运，我就会找到造谣的罪魁祸首，并要求他赔偿！"我可以继续第 54 页的对话。

69. 我紧握暴风剑，呼唤鹰的力量。一声爆裂声响起，闪电击中地面。女骑士以惊人的敏捷跳到一边，躲开了能把她烤熟的闪电。"与挥舞这种剑的人较量不值得！"从她的声音听不出些许的恐惧，但她承认我胜利了。在第 118 段继续。

70. 我在池塘边种了一颗橡子，没等多久蓝色光环将我笼罩，把我带到了别处。去第 64 页继续。

71. 我骑上这把扫帚也是白搭，我无法让它飞起来。

72. 骑士略微困惑地笑了笑，"我想你找到了莫里甘，否则你不会在这里……"

73. 坐地铁，睡觉？我离谜底不再远了。

74. 女骑士大胆地攻击我。我不得不躲开，避开能砍断我四肢的斧头。最后，我找机会踢了她的右腿。我将剑挥向她的钢铁盔甲的弱点，我的对手绊倒在地。我上前一步，准备再次用剑攻击，但卢甘扔掉她的剑，举手投降。我赢了！去第 118 段。

75. 这位女士愤怒地盯着我看了很长时间。被这样的眼神注视，我很难不害怕。她终于对我说话了。"我看到你找到了要找的骑士……而且你打败了我的守卫。我一开始以为你是个粗人，但你证明了自己其实更能干。"她微微一笑，拿起针继续缝。"你也看见了，我很遗憾地告诉你，这把剑已经不再属于我了。这些铁制武器让我不胜其烦。所以我把它们当作礼物送给了森林里的小妖精们。"她又冲我一笑，然后示意我别管她。"我已经主动回应了你的请求，所以继续你的旅程吧。注意时间不再是你唯一的敌人！"
她阴森地冷笑了一下，施展了一个魔法手势，我的眼前出现了一幅画面。我转至第 48 页，没忘添加重要的句子："小妖精们在哪儿？B3。"

76. 德克斯菲尔国王戴上王冠。他一脸威严，向我道谢并吩咐给我呈上蜂蜜酒，等着下属们给我带来暴风剑。我有时间喝三杯酒，因为小妖精们的财富管理并不是最卓效的。最后，三个风尘仆仆的小妖精气喘吁吁地给我带来了戈德弗罗伊骑士的剑。我可以去第 62 页欣赏它。

77. 月亮就是这个谜语的谜底！在橡树的新月形树疤中放置一颗金橡子，神奇的事情发生了。作为 21 世纪居民的我，难以置信的事情发生在我面前，一条路在眼前出现！从蓝光的裂痕里，我窥见了一幅热闹的夜间景象。我转至第 22 页观看这景象。

78. 怪兽不给我留半点机会。我的剑击打在它钢铁般硬的鳞片上，被连续弹开。我的膝盖一软，发现自己倒地被打败了。任由怪兽的摆布。飞龙的形状在我眼前变得模糊，变成了仙女莫甘娜的样子。"所以，你放弃了吗？你会改变主意，发誓对我忠诚吗？"
▶ 是：第 55 段。
▶ 否：第 60 段。

79. 我必须靠近海岸才能找到一艘船……

80. 真奇怪！一个小个子女人泡在池塘里。当她发现我时，似乎并不害怕。她只是从水里出来，在小"岛"上待着。她试着和我说话，但声音太微弱了。要是有办法到她身边就好了！也许通过继续搜查房间能找到方法？

81. 我累得上气不接下气，但还是再次发起了进攻。我的剑击向骑士生锈的头盔，但他躲开了。他把我往后推，我肺里的空气似乎抽离了一般，然后他用长枪直直刺向我的心脏。我收回剑，避开长枪杆，但长枪尖刺入了我的大腿。疼痛难忍。我咬紧牙关，肺像火烧一般，等着致命一击……但什么也没有发生。骑士恢复了他守卫的姿势。"过吧，战士，"他对我说，"你应该进入布劳赛良德森林。"我捂着伤口，蹒跚着过了桥。去第 95 段继续。

82. 骑士将长枪插在我面前。我缓缓起身，筋疲力尽，等待着他的裁决。"你是英勇的战士，来自异世界的陌生人，"他悲伤地对我说，"你可以过桥，但要保证，如果你遇到卢甘女士，你会对她谦恭有礼。与我相反，她是为她的荣誉而战。"如果我答应，可以通过第 10 页的地图继续前行。不然，我还是可以试着从铁锈骑士的身后过去前往第 111 段。

83. "没武器的对手更容易被打败。"当女骑士靠近我举起手臂攻击我时，这想法在我脑海中闪过。我的剑猛地落下，斧头从她手上掉落，斧柄的穗子挂在了她的前臂上。但离得这样近并不是一个好主意，卢甘用盾牌猛烈地击退我。当我恢复平衡时，她又拿起武器。我可以回到第 46 页试试其他的部位。

84. 当然是妖精们用的镜子！就是被我们称为妖精之镜的池塘。我可以去第 70 段。

85. 骑士做了一个包括了营地和远处山谷的手势。"你在不忠的骑士的营地，这里是仙女莫里甘建的监狱，用来惩罚我们不遵守爱情誓言……"他面红耳赤，看得出来很尴尬。"恐怕我们都背叛了我们的爱人，这是一个让我们付出代价的时刻。"去第 64 页继续对话。

86. 我的剑刃只碰到林间空地疏松的土壤。当我拔出剑时，卢甘就在我身上；盾牌的一击弹得我后退却没跌倒。接下来的一击击中了我的下巴。我掉进了无底深渊……
当我恢复意识时，发现下巴还在，便松了一口气。感受到的疼痛证实了打我的是戴了手套的拳头，而不是战斧的斧刃。女骑士给我拿来水，告诉我可以重新上路了……而且最好快点！因为我昏迷了几个小时（我又勾选了两粒沙子）。

87. 我的剑重重地砍在不祥的石榴石上。石榴石蕴含的能量和暴风剑的魔力相触爆发，将我弹至空中。我痛苦地摔倒在地上，但当我缓过气来时，还是可以站起来的。我全身都疼，但没骨折。远处，大龙痛苦地扭动着。它的身体和翅膀猛烈地拍打地面，扬起灰尘。
随后又是一片寂静。当尘埃散去，飞龙不见影踪。我是不是看到一个黑衣女人的身影进了树林？我不太确定。一条镶嵌着一颗破碎的石榴石的金项链躺在地面。我转至第 66 页。

88. 一只青蛙？不，我什么都没看见。

89. 喝几口就让我的身心恢复了活力。如果我已经在第 9 页的冒险单上记下了"受了伤"这个词，我可以把它擦掉。如果我再次受伤，我还能回到这里。

90. 临走前，我转身再次问巫师我们在哪里。"你不想重蹈覆辙了，嘻嘻！如果你坚持的话，我可以送你去卢甘的营地吗？你决定吧，笨蛋，嘻嘻嘻！"
如果接受巫师的提议，我可以从营地继续我的旅程（第 38 页）。

91. 在告别巫师之前，我问他带我去了哪里。他耸了耸肩，告诉我怎么去附近的橡树。我可以从橡树那里继续我的任务（第 12 页），我可以在列表中记下这个问题："我们在哪里？ A2。"

92. 这似乎是一个巫术咒语……我暗忖是否知道它的用途。如果我决定把咒语念出来，我会转到第 50 页。

93. 戈德弗罗伊用疲倦的声音回答我："我们在山谷里，没有回头路，莫里甘在那里关押了那些欺骗了她的人。你在营地里没和我那些倒霉的伙伴聊聊吗？"我可以去第 54 页继续对话。

94. 我费尽心思到头疼，都没办法一下子赢。我向领主苏利安承认我束手无策，他一直用愉快的眼神注视着我。他冲我神秘一笑，然后将白兵移到 B8。在 B8，他用一个黑骑士取而代之，并骄傲地对我说："将死！"我不确定我理解了……其余的在第 113 段。

95. 我正在一个十字路口。我临时绑了个绷带，但疼痛让我无法走快。在第 8 页，我标注了"受伤"一词。只要我没痊愈，地图上的每一次移动都会让我多花费一粒沙。

96. 和无数的死神受害者一样，我陪着死神来到死亡之海的海岸。他一言不发，让我看死者的灵魂消失在波涛汹涌的海面。一想到要和他们一道沉没，我就瑟瑟发抖，但死神却在摇头。我好像看到他的骷髅头微笑了一下，周围的景象变换了。我听到了鸟儿的歌声，感受到阳光的温暖和皮肤上的露珠。我转至第 158 段。

97. 骑士垂头片刻，然后悲伤地看着我。"大人物戈德弗罗伊就在这里，但我担心他的遭遇比我们更糟糕。因为他受到了不公正的谴责，这更令人愤慨。他向我发誓他忠诚于亚瑟王，也从未欺骗过亚瑟王，甚至从未有过这种念头。布劳赛良德森林的女王把他扔到这里，是因为她相信了那些毫无根据的谣言，可能是一些人出于嫉妒散播的……"小年轻叹了口气，告诉我在哪里可以找到可怜的戈德弗罗伊。转至第 64 页继续。

98. 当女骑士靠近我时，一个想法在我的脑海产生。我利用盔甲使其出手速度变慢这点，待在她的攻击圈以外。时机一到，我到她身后一把抓住她的剑！我双手都有武器，应该有双倍可能性赢……我正想着，一场激烈的反击打断了我的思绪。我可以用右手（我的前手；然后我可以回到第 46 页并变换另一战术）或左手握着的剑来躲避这一击，还可以伺机击打对手的头盔（第 38 段；但我招架微弱让我丢掉了第二把剑）。

99. 正如德科斯托阿莱特建议的那样，我用他给我的品酒杯喝了一口魔法泉水。水很冰，喝得我很不舒服。我闭上眼睛，等我的头脑冷静下来。当我再睁眼时，泉水发出神奇的光芒。泉水的魔力让我可以用这本书"作弊"。我可以转到我选的那页并读完，无需与文本互动：此页发生的事情仍是我未来的事。完成后，我回到第 42 页。
另外，我可以擦掉十粒沙的勾选痕迹（或者新画十粒沙，一回事）。妖精是对的：魔法水为我节省了时间！我可以随时回来饮魔法水。

100. 巫师瞪了我一眼，随后用阴谋的论调回答我："你在找仙女吗？哈哈，篡夺国王和德鲁伊权力的莫里甘女王？是不是已经找到了，笨蛋？哈哈！"老头儿哈哈大笑，然后继续说。"没有找到吗？她住在离这儿不远的垂柳下。哈哈，笨蛋！"我可以从第 30 页继续让我不快乐的对话，或转至第 91 段离开此地。

101. 当束缚右腿的石块突然向前推进了几厘米时，骑士痛得咬牙切齿。"我没有被诅咒，但我猜把我扔到这里的仙女惧怕我的魔剑。暴风剑是我这把剑的名字，我被软禁时，它被人从我身上夺走了。如果你能把它从莫里甘身边带回来，你大概就能解救我。快去瞧瞧它吧，不要浪费改变世界的时间，因为我怕我很快就支撑不住了！看牢你的橡子，赶快。"
我在列表中记下了对话："我在寻找暴风剑。C3。"我当然可以去第 54 页继续对话。

102. 我不会畏惧的。我开门见山问仙女莫甘娜，在哪里可以找到这些出了名的小妖精。但我运气不好：布劳赛良德森林的女王念了一句咒语，她脖子上的石榴石发出的光芒如此耀眼，我不得不遮住眼睛。亮光消失时，我好一会儿才确定我的方位……时间已经过去了（我勾选了一粒沙），发现自己在不归谷前。我可以从那里继续前行。

103. "我从没听说过此剑……"女士耸了耸肩。我可以去第 50 页继续对话。

104. 我对卢甘女士微微一笑，拔腿就跑，同时小心地从她的斧头边缘跑过。这武器似乎很锋利！但她一动不动，保持微笑看着我跑。我以为剑会刺向我的肩胛，但击中我的力量却来自我面前。就好像我的头先撞在床垫上一样。我跳起来站稳。骑士的声音在我身后响起："我警告过你，我的誓言很严肃。莫里甘女王也不例外。你会与我作战吗？"如果我同意，我会转至第 46 页。否则我可以在地图上折回去。

105. 尤里卡！我找到了妖精国国王的王冠。它掉到了泉水的底部……我可以去第 56 页仔细观察它。

106. 年轻的骑士恭敬鞠躬。"我名叫贝韦利安，他们是我的难友杰洛特、格温、夏尔和罗德格林。"我可以继续第 64 页的对话。

107. 暴风剑从我手中掉落，我沮丧地嗫嚅："我投降！"对手走向我，她的声音回荡在我耳边。"你的选择很明智，未来的骑士。我将让你成为布劳赛良德森林的领主，我的忠实信徒，我的保卫者！只要你在我身边，你就永远不会变老。跟我来。"
我别无选择，只能服从莫甘娜。我受其支配……可能我一直都是？当我们最后一次离开不归谷时，尚未完全石化的骑士们的呻吟声此起彼伏。新生活在等着我，为莫里甘女王服务的黑骑士的生活。我的探索到此结束。

108. 也许是为了恐吓对手，也许只是出于恐惧，我在空中挥着剑。我的对手甚至没想反击。"有点神经！"她透过头盔说道，"让我看看你是用什么木头做的！"我可以返回到第 46 页尝试另一战术。

109. 我头戴铁制王冠，妖精王国似乎在我周围变大。国王，或许我应该说是前国王，第一个向我鞠躬。"永恒的妖精国国王！"小妖精们齐声宣誓，让我成为山下的君主，布劳赛良德森林的妖精国国王。过后，我接待了科迪拉女士的来访，她的个子也高得离奇。她身着一身黑衣，脸色从未如此苍白和悲伤。仙女莫甘娜准许她前往不归谷，去她曾经的情人雕像脚下献上一朵花。她还告诉我，她如何在几个小时就找到他，得亏了来自未来世界英雄的帮助……此时我不得不接受现实：我已经变成了妖精！
我想告诉科迪拉夫人我究竟是谁，为没能拯救戈德弗罗伊而感到遗憾，但我的注意力很快又回到了我的臣民——狡猾的小妖精的宴会上。我很快就会彻底忘记作为人的生活……
我的探索到此结束。

110. 巫师对我神秘一笑。"当然，那是你想去的地方……找个很深的洞穴，因为小妖精们喜欢住在阴凉处。不过要做好谈判激烈的准备，嘻嘻。国王是个坏家伙！"

111. 我轻快地一跃，站到呆若木鸡的骑士身边。这战术让他吃了一惊！我大步跑到了桥的另一边。"懦夫！"守桥人愤怒地吼道。"如果你像兔子一样逃跑，就会像兔子一样被捕杀！"突然，我的大腿一阵剧痛，差点被绊倒……是铁锈骑士的长枪。他从身后猛掷长枪刺了我。他击中了我的大腿，但并不像要追我的样子。我一瘸一拐地穿过树林寻找藏身之地。接下来去第 95 段。

112. 我的谈判对象耸了耸肩。"我认为这是不可能的。你所能希望的就是在它追上你之前离开布劳赛良德"。

113. 领主苏利安假装满意，向我解释了国际象棋问题的答案。"你的士兵，"他指着白兵说道，"即使曾经被称为象牙骑士，也会受到黑王的打击。"因为，黑王只挡住了 B8 的棋子。"除非你使用魔法，把士兵变成黑骑士！"他带着灿烂的笑容说，"这个士兵切断了国王的退路，国王发现自己被完全将死。"我皱了皱眉。如果我没记错的话，国际象棋的规则早就规定了由小兵升变成为的新棋子必须同色，这恰是为了防止随意升变。我以为苏利安领主不知道……向他解释他搞错的原因，这个想法在我脑海中一闪

而过。武装好的守卫已经离开了我身后的位置，我想我该离开了。我可以从第 10 页布劳赛良德的地图继续我的冒险。

114. 这片森林里不乏橡树，当我在它们的根部种下一颗金橡子时，就像什么也没发生一样。

115. 仙女气得脸色发白，过了一会才恢复了平静。"你在布劳赛良德，这是我的领地！"我试着显得不那么烦人，继续我的对话（第 68 页）……

116. "嘻嘻！"巫师说，"你很有头脑，不是吗？莫里甘将剑交给了森林的妖精们。你很清楚……小妖精们！"

117. 莫甘娜冷冷地盯着我。"我不在乎你代表谁而来，冒险者。你向森林女王求助，住在森林深处的都是我的臣民。"她说。她把注意力转回她的刺绣活儿上，用冷冰冰的声音要我告诉她我来这儿的原因。我最好回到第 68 页试试另一个对话！

118. 骑士取下她的盾牌，将头盔放在地上。她像靠着拐杖一样靠在她的斧子上，汗如雨下的脸上神情紧张。"任性！打得漂亮。"她突然笑着说，"你可以去任何你喜欢的地方，我建议你去树木环绕的不归谷。但首先让我回报你。我向莫里甘发过的誓也没有禁止我去帮助他们这些人！"

▶ 如果我愿意，我可以勾选一粒沙子跟卢甘女士一起训练。她想教会我她家族的神秘一击——"比戈尔蛇"。我在装备单上注意到，这神秘一击能使人在战斗中做选择后返回到后方。注意：每个对手只能被突然袭击一次，所以我不能对同一对手使用第二次，即使是在第二次探访时。

▶ 我可以拒绝并从第 10 页的地图继续我的冒险。

119. 不，这个方向不对。

120. 一切太迟了！死神挡住了我的去路。他一言不发，将苍白的手伸向我。凭直觉我就明白他想要什么：如果我给他我所有的金橡子，他就会放我走。我再回到森林入口重新探索。
如果我拒绝，或者我没有橡子了，我必须待在他那儿，去往第 96 段。

121. 湖中女神生气地看着我，眯着大眼睛。"你嘲笑我，冒险者？如果我有这种力量，我就会统治布劳赛良德，不会让讨厌的莫里甘横行于此！"她快速把魔球传给我，并指着我的口袋，"给你，凡人！它会教你的！"她微微一笑说。下次我需要一颗金橡子时，我会发现少了一颗（我已经在第 9 页的库存中划掉它）。

122. 我向前走了几步，但飞龙的攻击快如闪电。它的脖子像眼镜蛇一样柔软松弛，我只来得及向旁边让出一步。它的下巴有手推车般大小，在不远处一张一合，但翅膀猛地撞到了我身侧。我眼冒金星，失去了平衡，摔倒在地，感觉天旋地转。当我不再头晕时，手上沾满了鲜血，飞龙在我上方拱起身体，准备出击。
▶ 我冒着所有风险，朝它的肚子打去：第 78 段。
▶ 我滚到一边以避免被再次攻击：第 51 段。

123. 布劳赛良德森林里到处都是花朵。我不会试图在花间种下一颗金橡子！

124. 骑士摇了摇头。"我不知道布劳赛良德森林里有一个妖精王国……我还以为这只是神话传说……也许湖中的女神，仙女薇薇安，可以回答你。"他说。我可以去第 54 页继续对话。

125. 这是迄今为止我遇到的最奇怪的谜语……我耸了耸肩，走到生锈的旧集装箱前，在下方的泥土里种下一颗金橡子。随着一道蓝色闪电，我来到了妖精王国，在第 60 页。

126. 飞龙扭动着身体想要摆脱我，但我将脚踩在它的翅膀根部，扑向它的脖子。我的一只手紧紧抓住它，当巨兽转过头时，我举起剑向它击去。是宝石！我转至第 87 段。

127. 我把橡子种在花环下，就在冬青树脚下。熟悉的蓝光又击中了我，当我恢复知觉时，发现自己在一个实验室里……我转至第 34 页。

128. 我把金橡子种在两棵蕨类植物的脚下并等着，但什么也没有发生。几分钟后，我收起橡子并尝试其他方法。

129. 少年的脸露出喜色。"哦，我认识这武器：这是大人物戈德弗罗伊的魔剑！你为什么不去问他呢？"他对我说时神情如此单纯以至于我懒得向他解释。

130. 我屈膝躲开旋转的剑锋，抓住对手的盾牌。对手一把推开我，我偷袭她的背后。显然我的剑没有刺穿她的盔甲，但这一击让她信心大减。她后退一步，举起盾牌自我保护。是时候袭击腿部了！我击中她的左膝（第 74 段）或右腿（第 134 段）。

131. 年轻的骑士笑了。"老实说，我们的命运并不可怕。事实上，我们只是缺乏冒险之风和上路的自由，但我们其他什么都不缺。食物是美味的，淡红葡萄酒总是新鲜的，我们总能找到一些供消遣的东西。"他耸耸肩，眨了眨眼说。我可以继续第 64 页的对话。

132. 当我头戴国王的王冠回到妖精王国时，小妖精们还在狂欢。妖精王国国王瞪大贪婪的眼睛。"我的王冠！你会还给我吗？"他伸出双手，咆哮着。
▶ 我给他王冠：第 76 段。
▶ 我把王冠戴在头上：第 109 段。
▶ 我离开此地：我可以从矿井出发，继续我的旅程。

133. 认真的吗？讲点新鲜点的笑话吧！

134. 女骑士走近了，她的斧头正要砍下。卢甘踩到一根枯树枝时，我本能地起身举起武器自卫。她踉跄了一下。我的反应出人意料，我狠狠地朝她大腿踢了一脚，她仰面跌了一跤。她已经翻身跪下了，但我更快：我的剑在拔开之前就抵住了她的喉咙。"饶了我吧！"她叫道，上气不接下气。接下来的故事发生在第 118 段。

135. 罗兰是查理大帝宫廷中的英勇骑士。没有什么资料显示他曾经进入过布劳赛良德森林。试试别的吧。

136. 贝韦利安想了一会儿。"我的奶妈曾给我唱过一些关于小人国的儿歌……我想其中一首与深藏在地下的洞穴有关……"这是年轻骑士知道的一切。我可以去第 64 页继续与他交谈。

137. "我刚刚告诉过你，你这个笨蛋！"戈德弗罗伊骑士对我说，粗糙的石头滑过他的腿让他很不耐烦。"你快去问问莫里甘女王拿我的剑做了什么，快！"

138. 在答复我之前，仙女睁大了眼睛。"死神？真可怕！离他们远点，这是最好的办法！"

139. 爱丽丝·里德尔与这个故事无关。您将布劳赛良德森林与仙境混淆了。这个错误的答案让你浪费了时间，你就像白兔一样，迟到了！勾选一粒沙子。

140. 薇薇安笑了。"我们在我的魔界！我造它是为了休息。你为什么不和我待一会儿呢？你看起来也很需要休息。你会受伤吗？你需要泉水。"我回到第 50 页。

141. 骑士注视着我的眼睛，我看到痛苦和疲劳在他的眼中交织。"我是圆桌骑士戈德弗罗伊·德·侯斯特-福尔克，也是邪恶女王莫里甘的囚徒。"轮到我做自我介绍，当告诉他我的使命时，我看到骑士苍白的脸上重现了希望。"愿上天保佑！"他喘息道，"如果我心爱的人选择了你，你无疑是个勇者……我既看不到盔甲也看不到盾牌，但我敢肯定，你穿的这些奇怪服装之下一定藏着总督之子的勇气和绿衣骑士的智慧！"我可以继续第 54 页的对话。

142. 莫甘娜只发出一阵大笑，最阴险的笑容。如果我愿意，我可以从第 68 页继续对话。

143. 枯萎的树丛，梧桐之墙，无疑就是城堡的栅栏！我把金橡子种在两根圆木之间，一道蓝光过后，我坐在一座宏伟的蛮族城堡的王宫里：我转至第 32 页。

144. 我小心翼翼，视线没有从怪物身上移开，向旁边走了几步，希望对这只可怕的大龙的能力有所认识。事实证明这是个好主意：随着一声尖锐的嘶嘶声，大龙向我的脚连续喷出一股毒液。顿时，我面前的地面冒出一股毒烟，地面也变得光秃秃，我完美地避开了！大龙本可直接向我喷洒毒液，但它却选择先警告我……也许它想给我一个屈服的机会？
▶ 我投降并放下了武器：第 107 段。
▶ 不！我将战斗到最后：第 78 段

145. 小妖精们首先告诉我他们害怕魔法森林所有居民的主人——莫里甘女士。很少有人敢违抗她或让她不快。如果我们要违背她的意愿，最好小心！接着，他们跟我谈论了布列塔尼巫师，传说中的墨林。他被关在森林更深处的一座魔法坟墓里。最后，他们留给我一句女预言家的话："生锈的战士不喜欢懦夫。"我可以从橡树出发，继续我的任务。

146. 我在蕨类植物中寻找，但没找到一个合适的地方种金橡子……

147. 仙女把她的作品放在膝盖上，并观察了我很久。"所以，这就是中断的原因。一个自认为能解救一个背叛我的骑士的捣乱分子？但我发现你穿越了时代向我提出这个请求……"莫甘娜的表情突然变了。她开心地笑着给我指明其帐篷的出口。"好吧！别说布劳赛良德女王心肠不好。你将在不归谷遇到戈德弗罗伊骑士。在见到卢甘女士之前，你必须穿过石堆、水流和木制塔楼。在这段旅程中，待在你的世界里别使用橡子，你必须立即重新找到卢甘女士。她会给你指路。"如果我没其他要说的，我将离开仙女莫甘娜的帐篷（返回第 10 页的地图）。

148. 我终于实现了我的目标！穿过布劳赛良德森林和与之相邻的魔法世界，经过如此漫长的长途跋涉后，我正要解救骑士戈德弗罗伊。当我穿过关押不忠的骑士们的营地时，我手里拿着戈德弗罗伊的绝世好剑——暴风剑。奇怪的是，他们中没有任何人迎接我。
这个谜团的解释在我遇见戈德弗罗伊的林中空地上等着我。所有的骑士都在那里……和他一样。可怜的贝韦利安甚至完全变成了石头。至于戈德弗罗伊，他被缚至胸部。他用目光恳求我帮他，但仙女莫甘娜站在他和我之间。她身披如夜色的黑色长裙，项链上的石榴石犹如闪烁的邪恶之眼，布劳赛良德女王凶狠地盯着我。

"你的勇气让我印象深刻，陌生人。我料想你会早点放弃。但是游戏现在已经开始了：你已经尽最大努力了。把剑放在脚下，投降吧。你会得到丰厚的补偿。否则，如果你固执，就会和那些愚蠢的骑士一样……"女巫女王等我的决定。
▶ 我照她说的做：第 107 段。
▶ 现在不能放弃！我手持暴风剑走近：第 44 页。

149. 这儿有一艘船吗？没有，我什么也没看到……

150. "死神很聪明，嘻嘻！"墨林说，在我的鼻子底下摇了摇手指，"别指望轻易骗过他。你能做的就是避免浪费时间……"返回第 30 页对话继续。

151. 我一棵柳树都没找到，附近没有。

152. 桥上的谜语告诉我必须在蘑菇附近种下金橡子。这样可行！一道蓝光闪过，我发现自己被传送到了奇幻版的同一个地方。我去往第 26 页。

153. 我在周围没看见盾牌……

154. 女士突然站起来，居高临下地打量我。"像你这样的人，怎么能在穿越我的森林时找到路而不迷路呢？"我是莫里甘，或者是你的语言中的莫甘娜。但既然你似乎不明白你已经达到了你的目的，那就让我送你到回森林的路吧！"她只说了一个词，我周围的一切都消失了。一瞬仿佛已是永恒，我陷入了无尽的黑暗中。莫甘娜的声音响起。"再见，冒险者！"她说着，然后发出不祥的笑声。当一切安静下来，我在布劳赛良德森林的树下清醒过来，开始了我的冒险。我只需借助第 10 页的地图继续我的旅程……

155. 我如何将橡子隐藏在国际象棋的棋子和棋盘里？我需要找点别的东西……

156. 仙女薇薇安回应我，"莫甘娜住在附近的柳树下。你和她说话时要有礼貌。要知道她的弱点在于她红色的心。万一受伤，你会需要泉水。"

157. 掩体？这个词有点过了，对吧？

158. 太阳在布劳赛良德升起。绿色灌木丛在初升的阳光下像棱镜一样闪耀。我深吸一口森林芬芳的空气，发出了一声失败的叹息。我悲伤地凝视着科迪拉女士交于我的沙漏。最后一粒沙子已经流走，我没有时间解救戈德弗罗伊·德·侯斯特-福尔克了。无辜的骑士永远地被仙女莫甘娜囚禁。我只好回家，我在布劳赛良德魔法森林的探索失败了。冒险结束。

Escape game chasseur d'épaves

逃脱游戏 ②

寻宝猎人

[法] 埃里克·尼丹（Eric Nieudan）著
[法] 蒂波·布尔布朗什（Thibaud Pourplanche）插画
岳宜阳 译

机械工业出版社
CHINA MACHINE PRESS

Escape game chasseur d'épaves,

© First published in French by Vagnon, Paris, France – 2019 ISBN:9791027103409

This title is published in China by China Machine Press with license from VAGNON. This edition is authorized for sale in the Chinese mainland (excluding Hong Kong SAR, Macao SAR and Taiwan). Unauthorized export of this edition is a violation of the Copyright Act. Violation of this Law is subject to Civil and Criminal Penalties.

北京市版权局著作权合同登记　图字：01-2021-4886号。

图书在版编目（CIP）数据

逃脱游戏.2，寻宝猎人／（法）埃里克·尼丹（Eric Nieudan）著；岳宜阳译．—北京：机械工业出版社，2023.5
ISBN 978-7-111-73170-2

Ⅰ.①逃⋯　Ⅱ.①埃⋯②岳⋯　Ⅲ.①智力游戏　Ⅳ.① G898.2

中国国家版本馆 CIP 数据核字（2023）第 082721 号

机械工业出版社（北京市百万庄大街 22 号　邮政编码 100037）
策划编辑：梁一鹏　刘　岚　　责任编辑：梁一鹏　王淑花　刘　岚
责任校对：张亚楠　李　婷　　责任印制：张　博
北京华联印刷有限公司印刷
2023 年 9 月第 1 版第 1 次印刷
250mm×210mm・5 印张・54 千字
标准书号：ISBN 978-7-111-73170-2
定价：128.00 元

电话服务　　　　　　　　　网络服务
客服电话：010-88361066　　机 工 官 网：www.cmpbook.com
　　　　　010-88379833　　机 工 官 博：weibo.com/cmp1952
　　　　　010-68326294　　金　　书　　网：www.golden-book.com
封底无防伪标均为盗版　　　机工教育服务网：www.cmpedu.com

推荐序

非常荣幸,第三次受邀为来自法国的解谜书写序。

我是一名真人密室逃脱职业玩家,对解谜类产品一直情有独钟。从2013年9月起,我便一直热衷研究以密室逃脱为主的实景解谜游戏,在数独和魔方等益智类游戏方面也有所涉猎,也体验过不少国内的解谜书。有了"逃脱游戏"系列前两部作品本土化的经验,将这部新的解谜书本土化对我来说游刃有余。

这部法国的解谜书《寻宝猎人》以图画及文字为主要表现形式。读者与自学成才的考古学家雷奥一起,带领船员们寻找传说中的"吉内布拉皇后号"沉船,解开长达三个多世纪的谜团。

这部解谜书以选择型剧情走向为主,书后附有大量的剧情分支,读者需要根据剧情引导,找到正确编号的剧情分支并做出选择,从而推进整个故事流程。不同的选择将引导出不同的结局,每一个选择都对是否能成功通关有着至关重要的影响。

本书中有若干涉及法语单词拼写、发音的谜题,这些谜题很难流畅地直译成中文,为了使国内的读者朋友们有更好的体验,我在保留原有谜题题型及解题思路的基础上,把法语部分调整成了汉语拼音的形式。这部解谜书的谜题难度适中,主要以体验剧情为主,比较适合喜爱探险故事解谜书的读者。希望本书能给你带来独特的阅读体验。

王蔚
2022年10月

游戏规则

怎么玩？

在这本书中，你必须完成一项使命。你需要去大海深处探险并寻找线索，需要与遇到的人互动，有时你甚至需要战斗或逃跑。你需要的所有答案、信息和线索都集中在第62~79页标注了编号的段落之中。有时会清楚地告诉你去找哪一段，有时会让你在几个段落之间做出选择，如何选择取决于你自己的决定。另外，很多情况下，你需要的线索或段落编号，会被隐藏在谜题之中，你需要解开它，才能继续。总之，只要你看见一个编号，就要本能地去看它对应的段落！

建议：做笔记！

如何与遇到的人互动

当你遇到一个人时，你可以选择与他互动的内容。请看以下三个例子。

- "和我说说你的事儿吧。"：A1
- "告诉我你对我们的冒险了解多少。"：B2
- "我们必须挖掘这个区域吗？"：A3

如你所见，每句话对应一个代码。这个代码可以对应到谈话对象附近表格中的一个段落编号，其形式如下所示。

	A	B	C
1	17	254	199
2	500	233	469
3	161	202	175

例表

例如，如果你决定与人物互动第一句的内容，问他是否愿意谈谈自己的事，你就需要看表格的A1格子。这个格子中有个段落编号，对应着此人的反应或回答，如果他同意回答问题的话！你将继续在谈话中与他互动更多的内容。别忘了把这些段落编号和它们的代码记下来。

注意：类似的表格可以让你读懂探测器屏幕和收听高频无线电。后面会给你解释怎么看！

探索大海

驾驶你的"寻宝猎人"号前往地图上的任何地方吧，地图就在第21页上。想要知道每个区域中隐藏着什么，你需要去阅读地图上显示编号对应的段落。每一次探索都需要一天的时间，你必须在第22页的日历上打钩。去吧，在有限的时间里是否能寻找到你梦寐以求的宝藏，就看你自己了。如果时间花完了，你就只能去第400段，接受你的结局。

潜水

不要指望在不下水的情况下找到宝藏！在某些海域，你可以转到指定页面进行潜水寻找线索，也可以继续探索海域，等结束这一天的探索后，再回来潜水，但是你要注意你的时间。对了，在潜水的过程中，你会消耗氧气瓶中的气泡，当气泡被消耗完的时候，你只能去指定的段落，接受你的结局。

我叫雷奥，我是自学成才的考古学家。

两年前，我给我的巴黎生活画上句点，卖掉了我的房子，买了一艘旧渔船，我将其称为"寻宝猎人号"。我自诩为考古学家，但很多人说我是"寻宝猎人"，语气介于戏谑的怜悯和坦率的蔑视之间。但我不以为意。不久，我就能证明我不是幻想家！

这股热情来源于我的姨奶奶贝雷尼斯（Berenice）。小时候我称她为贝雷姨奶奶，逗得大家哈哈大笑，因为她总是戴着她蓝色的贝雷帽。贝雷姨奶奶从事过许多工作。最后她专心当起了寻宝猎人，二十年间获得了许多成功。青少年时期的我去她悬崖上的老房子度假。那里既没有电视机，也没有电子游戏，对于我来说，简直就是地狱。直到有一天她让我读她的旅行日记……太传奇了！退休后，她去了墨西哥南部定居。我再也没有见过她。她在上周突发疾病去世，享年89岁。她的遗体立即被送回法国，今天早上，家人们将她安葬在家族墓地……

从她的葬礼回来，我在信箱发现了一封来自比亚埃尔莫萨的信。这是贝雷姨奶奶曾经生活过的城市。更奇怪的是，邮戳的日期是半年多以前……我把信放在厨房桌上，然后煮了一杯咖啡。我并不想将这封信匆忙看完，这可能是我与姨奶奶最后的交流，我非常想念她，但这半年来我却不知道这封信的存在。一张大大的叠得方方正正的纸和一双白手套从信封中掉了出来。我发现了一张地图……这并不是一张随随便便的地图！这张地图声名赫赫，它之前失踪了，它在马德里海军博物馆的失窃案中消失了……历史学家称之为镇馆之宝，这张地图是武装商船"吉内布拉皇后号（La Reina Ginebra）"失事最好的佐证，这艘船沉入了布列塔尼边的深海之中。

它被寻宝者称为黄金国，指的是西班牙神话中的"黄金国"号。这艘从墨西哥丛林来的船装满了黄金、珍珠和宝石。传统一直流传至今：前哥伦布时期的古庙中掠夺来的黄金，伴随着古老的奥尔梅克文明的诅咒，事实是，谈论这事的人都会死去……

如果贝雷姨奶奶给我寄这张地图，是因为她希望我能找到这艘"吉内布拉皇后号"沉船。为什么不呢？我有一艘船，忠实的"寻宝猎人号"，也有船员，我太想解开这个长达三个多世纪的谜团了。所以，我也顾不上它是不是被盗的镇馆之宝了！

这次探险我需要帮手。我的船员都是百里挑一的好手（其实，并没有很多来应聘水手的人……这么说吧，我选了最热情的应征者），但训练有素和勇敢的人对我才有用。你怎么看？你想挑战吗？

想？太好了！你现在是寻宝猎人秘密俱乐部的成员了！先去下一页看看被誉为"镇馆之宝"的地图吧。

如果按照海伦的说法

TUMIMIIJIANXDENGGU
EGAHZYINASOAJOPOAY

我名叫：

Dgrgpkeg

SEU	
ORN	
OAZ	XNR
OML	FHA
GNS	CJI
HUS	ODQ
TGJ	BHB
QAH	ONS
KTG	GBY
FVR	MUM
MDA	VKM
CLY	
RUA	

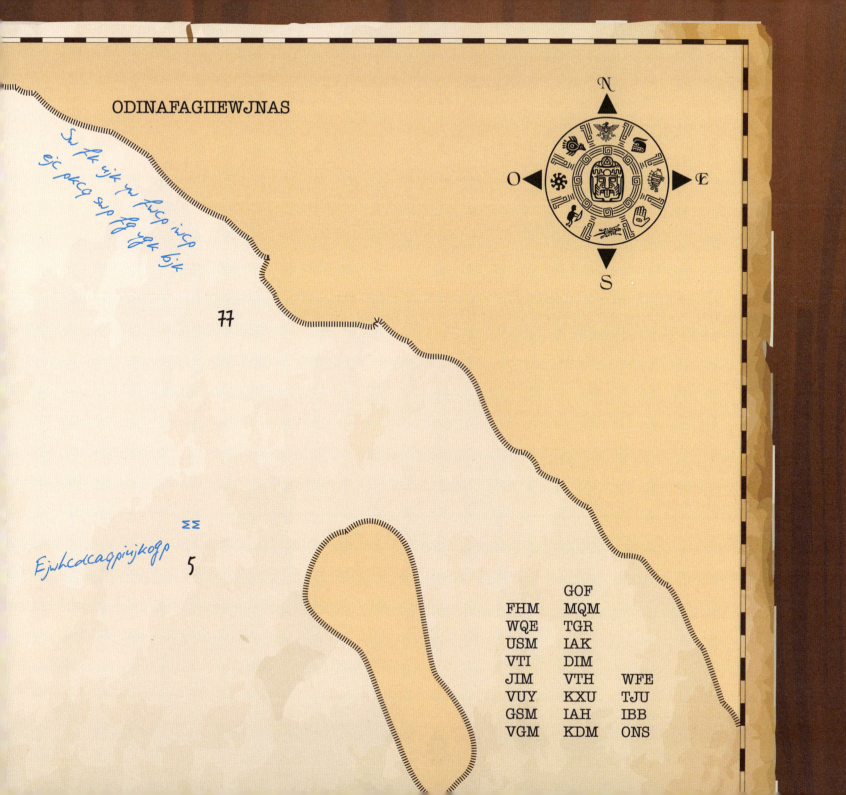

笔记:

欢迎登上"寻宝猎人"号!

在参观船只之前,我想花点时间对我们所掌握关于"吉内布拉皇后号(La Reina Ginebra)"的信息做个分析。它沉没的时候,满载着来自新世界的宝藏。毫无提问,这给西班牙王国带来了重大的损失。然而,那时没有一个文件提到过这次沉船。这也是被诅咒的"黄金国号"的传说一直流传的原因之一。

历史并没有给出太多关于地图制作者的信息。各种未经证实的传说中他的名字也不同。以前对"吉内布拉皇后号"感兴趣的人们只是将他称为"地图绘制者",他是沉船事件中的唯一幸存者。据他称,商船所在的船队在大西洋某处被一场暴风雨打乱冲散。到了早上,只有一艘军舰"埃斯库多号"和"吉内布拉皇后号"一起航行在海上。倒霉至极的是,在这种时候,一艘私掠船猛攻它们。"埃斯库多号"受到出其不意的攻击,很快就沉没了,但私掠船也受到重创,最终放弃了继续追逐。"吉内布拉皇后号"得以逃脱,却并未摆脱厄运(抑或这真与奥尔梅克的黄金诅咒有关?)。为了绕过近在咫尺的暗礁,"皇后号"换了航道结果无法顺利到达港口,它沉没了。如果除了地图绘制者还有其他幸存者,不会没人回来讲述这次沉船事故。直到约一个世纪后,地图在一个荷兰商人死后的遗产清点中重现于世。科学界在大多数情况下认为这张地图是赝品,这只是一个爱开玩笑的人或一个骗子依据"黄金国"的传说制作的。

好消息是，我们可以验证它的真伪，从来没有人有机会仔细研究它上面的秘密。准备开始工作吧，小水手。让我向你介绍我引以为豪的伙伴。

这是我们船上的机械师盖坦。他对"猎人号"了如指掌,他一生都在船上度过。他在,安全就在!

	A	B	C
1	376	205	201
2	101	130	90
3	282	106	330

桑亚是船上的考古专家。当有技术性的工作时，他的知识对我们就有巨大的帮助。

	A	B	C
1	437	403	163
2	97	468	154
3	117	116	133

最后一位，玛丽索尔来自西班牙。她在船上度过了一个暑假。她就像我们的见习水手，从维护到文件翻译，船上的任何事情她都帮着做。

	A	B	C
1	178	331	165
2	75	383	1
3	318	125	100

为了方便寻宝，我根据主地图下载了该地区最新的海洋地图，放大后便打印出来，并在上面标注待探索的重要区域。第三区是内鲁兹岛，第八区是文德雷斯特岛。这不是很正统的做法，但是对我来说好用就行。只要在主地图上找到一个线索，我就可以从打印的海洋地图上知道航行到哪个区域来利用这个线索。

ZONE 1 – P. 24	ZONE 2 – P. 26	
ZONE 3 – P. 28	ZONE 4 – P. 30	ZONE 5 – P. 32
ZONE 6 – P. 34	ZONE 7 – P. 38	ZONE 8 – P. 40

别忘了勾上每次新探险的日期和每次文字中让你勾的日期。这很重要：如果你花了太多时间，就会影响寻宝。今天是3月19日，星期二。

Prof.	Port	Zone 1	Zone 2	Zone 3	Zone 4	Zone 5	Zone 6	Zone 7	Zone 8
0-2	454	29	63	325	325	29	29	504	67
2-5	67	454	149	297	93	203	94	504	544
5-10	94	598	323	297	93	230	544	504	553
10-15	99	129	323	577	129	86	63	504	485
15-20	577	129	323	577	129	230	67	504	485
20-30	577	129	323	577	129	230	67	504	230
30-40	577	129	323	577	129	230	556	504	230

我们的探测器通常是为渔民设计的，它能让我们知道我们脚下有什么，比如，探测深度、海底特点以及海底的物品。在待勘测区域，看见探测器屏幕时，你可以读以上表格的内容。你只需阅读与回声深度相对应的段落。例如，当船只离开港口时，第一列对应于此时的屏幕。你可以去看此时的回声对应什么。

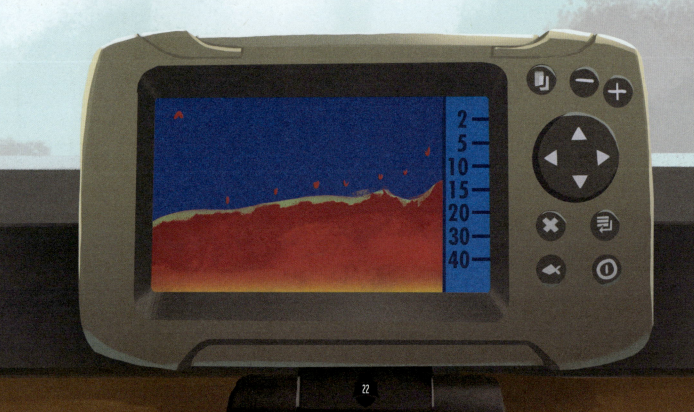

这是我们的超高频无线电。多亏了它,我们才能与远近各处的其他船只、政府部门或救援队对话。必须承认的是,我们对它进行了一点"改进",让我们也能收听到与我们无关的谈话……

想要使用它,我们要在所处的海域和正在勘测区域的交叉点处寻找对应的格子(表格中的)。第一列对应着我们即将离开的地方,试着去62频道听听看。

Freq	Port	Zone 1	Zone 2	Zone 3	Zone 4	Zone 5	Zone 6	Zone 7	Zone 8
61	59	524	74	176	19	247	501	275	24
62	441	402	524	134	524	17	524	275	59
65	17	59	333	402	59	524	17	275	347
66	74	176	501	511	74	35	261	275	501

这确实是一片平静的海域,从考古的角度来看,毫不引人注意。但考古学家们知道必须经常去人迹罕至的地方寻找……

如果我开始破译地图，我就知道，根据贝雷尼斯的说法，在这些水域，沿着这片海岸，有值得寻找的东西，我需要仔细地观察这片海岸的特殊形状。她留下的线索并不是很清晰，如果我想有机会找到海底的东西，最好还是确保我对地图上能理解的信息都理解正确了。

如果我想在贝雷尼斯的线索中找到关键词，我需要找到线索中第二个字母在字母表中的位置，去读相应的段落。

更多气泡？去阅读第50段

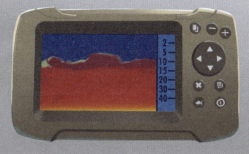

当我们靠近一个满是暗礁的区域时,大雾惊人。"该死的大雾!"盖坦边关掉发动机边惊呼道。"这样我们根本没法前进,太危险了!"我摇了摇头,没说话。

我必须做出决定,但在这种能见度下,在没有看探测器和听到无线电之前,我什么也做不了。

- 我们无论如何都要前进:第66段。
- 我们等雾散去:第448段。

我们在一个浅滩越来越多的海域,航行了一两个小时,这时我们看到一艘船在北面遇到了麻烦!那个水手绝望地向我们挥手示意,他似乎搁浅了。

怎么办?

- 驶向他并尝试帮他:第103段。
- 我不想浪费时间。我联系了海岸护卫舰,我们朝另外的海域航行。
- 我回到第20页,不需要在日历上打钩。

这里的海底很浅。我称这些粗粗的弯管为"鼓风机",它可以将螺旋桨搅动的水重新引向海底,并在沙子里或淤泥里掘出一个几米深的洞。我不确定在这里是否需要这样做。

探测器上面显示了什么?

在这里,我们快到公海了。我不知道我们怎样去找到海底的东西。

我们的新人叫居伊，他说话稍带口音，可能是西班牙或葡萄牙口音。在多次感谢我们所有人帮他摆脱困境后，他提出留在船上帮我们做力所能及的事情。当我跟他讲我没法付他工钱的时候，他双手按住我的肩膀，热情地说："我不要钱！如果我不帮你们几天，我会良心不安的！"

	A	B	C
1	319	104	183
2	505	471	111
3	576	145	379

这儿有海盗吗？我不敢相信我的眼睛！我不知道他们想要什么，但我猜与"吉内布拉皇后号"有关。我们的航海系统刚坏，他们就到了。这不是个巧合，我确定这是人为破坏！我只有几分钟的时间来找出罪魁祸首。

为了找到他（她），我会问："你碰控制装置了吗？"：B1。

我们只有几分钟的修理时间，不然就来不及逃跑了。所以我没时间跟所有人说话，需要谨慎选择对话的人。

如果我们摆脱这个困境，我想询问大家一个问题，"你看到 ΣΣ 这个标志了吗？"：A2。

今天,我们将探索一片有收获希望的海域。附近有不少浅滩,很多东西隐藏在海底。我们将需要用到所有的技术装备,以确保不错过任何东西!

我逐渐恢复意识,但我还是很难相信我的感觉。眼前的这个景象……这陌生的气味……我在哪儿,我怎么到这里来了?

就是这样我穿越了古奥尔梅克人的门。这是很多年前的事儿了……从那以后，我有了很多其他发现，经历了许多冒险。寻宝的结果超越了我的期望。这事儿，我改天再讲给你听。

雷奥，自学成才的老考古学家。

我是卡罗琳船长，找到了"吉内布发生了意外。航员的身份潜 NWOCAAOH 们被暗流卷在这枚奥尔，如果你能 NENGBIOCH

我曾经在大海上叱咤风云,并

拉皇后号"上面的宝藏,但后来

有一个叫约翰娜的女人,一直以领

伏在我的船上,通过阴谋诡计

IIJUPUOY,夺走了我的一切。后来我

入了这个洞穴里,再也出不去了。好

梅克奖章还在我这里,我把它送给你

成功离开这里,

ANAUONGBOWGNAWIX。祝你好运!

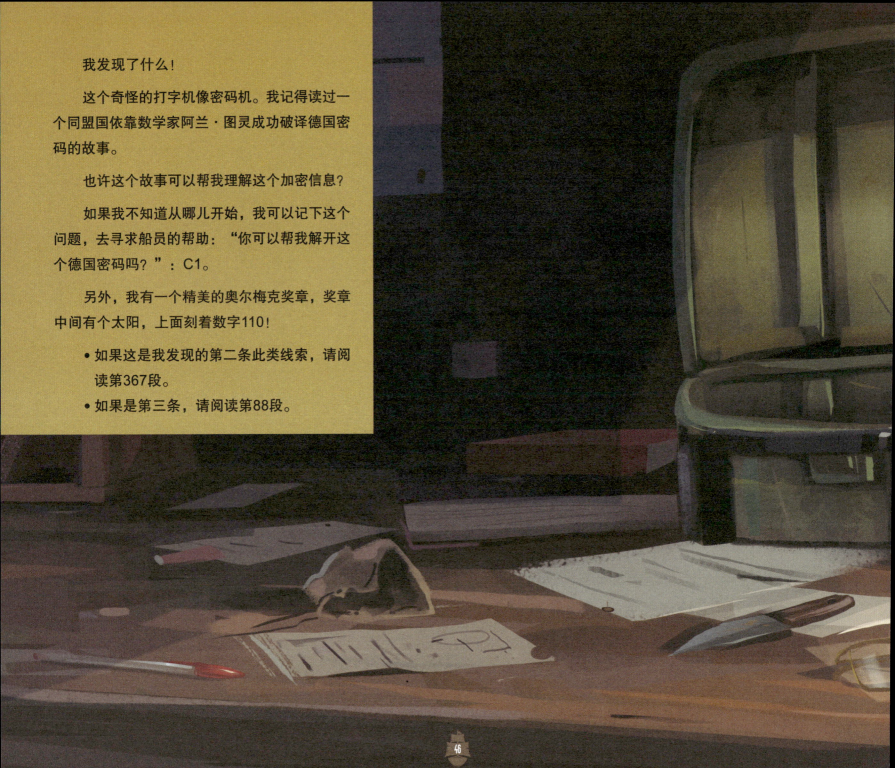

我发现了什么!

这个奇怪的打字机像密码机。我记得读过一个同盟国依靠数学家阿兰·图灵成功破译德国密码的故事。

也许这个故事可以帮我理解这个加密信息?

如果我不知道从哪儿开始,我可以记下这个问题,去寻求船员的帮助:"你可以帮我解开这个德国密码吗?":C1。

另外,我有一个精美的奥尔梅克奖章,奖章中间有个太阳,上面刻着数字110!

- 如果这是我发现的第二条此类线索,请阅读第367段。
- 如果是第三条,请阅读第88段。

我发现的这一幕景象可以拍成冒险电影！几个世纪以来，从未有人到过这里，我面对的是一个来自过去的谜。我检查完现场时，就可以重新戴上面罩，回到"寻宝猎人号"去探索另一片海域了。

285

IJKLMHUVWNGTYXOFSRQPEDCBA5×5

见鬼!这个奇怪的东西是什么?

我寻思着我该如何使用它……

这是一艘潜水艇!

我们启航寻找的是西班牙商船,它并不是我们要找的沉船。然而,要相信地图,二者之间应该有关联……要知道更多,唯一的方法是:潜水。

根据眼前所看到的景象,我可以在三个不同的地方开始我的探索。

- 我能去主舱口:第538段。
- 我可以从船体裂缝进入:第380段。
- 或者我可以冒险,从一根鱼雷发射管进入:读第578段。

无论我选择什么,从现在起,我必须勾下面瓶子上的一个气泡。在我潜水的时候,每遇到一个 ● 标志,我都必须这样做。

当然我可以选择离开,勾掉日历上的一天,去探索第20页地图上另一片海域。

更多气泡?去阅读第50段

我们花了一早上的时间进行探测，但没有获得太大的帮助。我们必须得潜入海底，看周围这些回声对应的是什么东西。

我穿上潜水服，调好肩上的氧气瓶。每次遇到●标志，我就勾掉瓶子上的一个气泡。

一准备好，我就在"猎人号"下的海底开始测绘：读第147段。

更多气泡？去阅读第50段

385 ⊘

58 ⊘

⌀ 8

211 ⊘

⊘ 64

122 ⊘

⊘ 85

44 ⊘

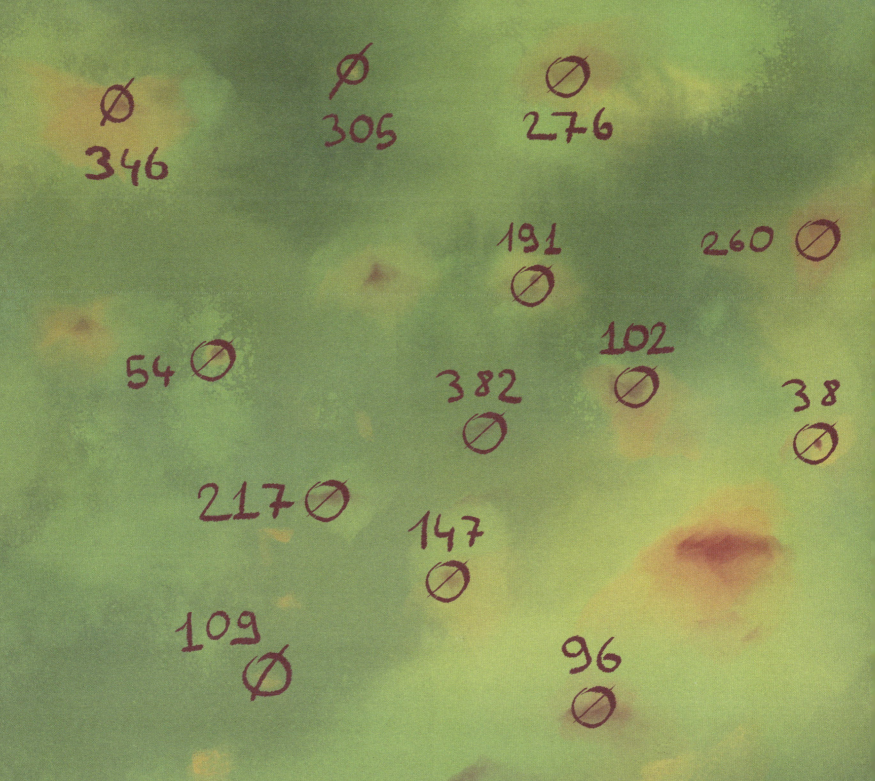

现在我们到达了这次探险之旅的尾声。此后，事情变得复杂了。我除了必须找到"吉内布拉皇后号（La Reina Ginebra）"的宝藏，还必须是第一个找到它的人。其他潜水员已经下水，都希望比我先到达。这是一场潜水竞速赛！只此一次，我手上有要探测的沉船的地图，因为我要标注一名追捕者的位置。

我从第40段开始。要知道追捕者们从哪里开始加速，我就得去看第21页的日历。我勘查这片区域的时间越长，在这次潜水中领先的就越少！我选取了今天的日期（第一个数字还没有勾）我将数字的次序颠倒：29变成92，20变成02。接着我去了对应的段落，知道了我的竞争对手离这里的距离：位置1，位置2，位置3或位置4。

这次探险的规则很简单：我从一个区域移动。每次移动：
- 和每段话开头所说的一样，我勾掉了氧气瓶的一个气泡。
- 我让追捕者从起点或一个区域向我前进。
- 如果我被追上，也就是说如果追捕者和我在同一片海域登陆，我将去第60页了解发生了什么事情。否则，我就去读与我所在海域相对应的段落。

如果我愿意，可以向船员寻求建议，问下面这个问题"我在'黄金国号'上该找什么？"：B3。注意：如果我慢慢地这样做，追我的人会立刻超过我！

是时候潜水了。我开始读第40段，别忘了勾选一个气泡，让我的追逐者继续前进。

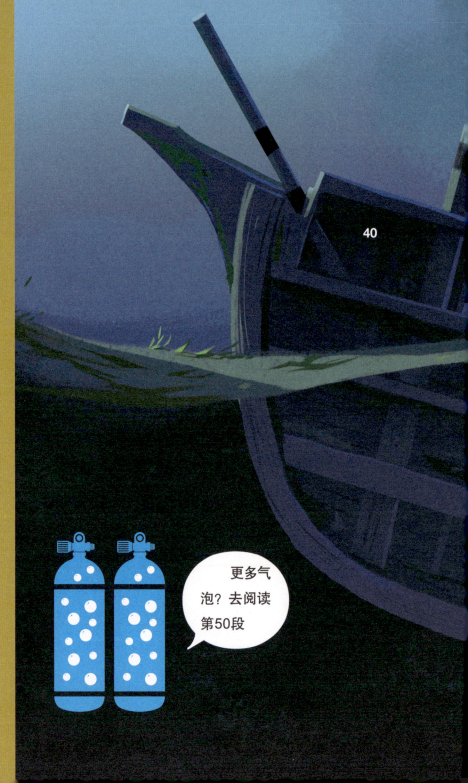

是盖坦！他戴着面罩，我看不清他的脸，但我看见了他坚定的眼神。我也有一块石板可以用来回复他信息，但我该怎么说呢？

- "你在这吗？"：第412段。
- "让我过去！"：第206段。

一个影子迅速游向我——眼露凶光。首先，如果有人陪我，我得去第53段。

其次，逃跑对我来说很危险，但我可以去第326段时逃走，否则我可以用刀自卫。我可以选择从哪儿下手攻击，因此，我去与下表中的目标区域相对应的段落。

注意：我不能两次选同一个区域。

AD	39	BD	277	CD	216
AE	49	BE	56	CE	311
AF	303	BF	76	CF	212

答案

1. 玛丽索尔细心地检查了我递给她的物品。"你注意到他们三个都带着罗盘的表意文字了吗？这个罗盘是地图上的吗？地图上，每个表意文字大体上都对应一个方向：西、西南、南。你需要在地图上三个精确的点做三角测量：画一条南北方向经过一个点的线，一条东西方向经过另一个点的线，一条西南东北方向的线经过最后一个点。从而得到一个三角形，三角形中央……可能是"吉内布拉皇后号（La Reina Ginebra）"的位置所在！如果只有我们知道这些点的位置……"大学生玛丽索尔叹了叹气，陷入思绪当中。我得独自找到解决办法，或者去问其他人。如果我在地图上成功确定了三角测量的一个点，我将寻找三角形最近的那个字母。算算这个字母在字母表的位置，我就知道了段落的号码。如果这段话以"布雷斯特的雷电"开始，我就找对位置了。否则，我得继续寻找……

2. 如果你是看了日历来到这里，那你肯定作弊了。逃脱游戏的规则是很明确的，这本书被你的不诚实玷污了。你必须将这本书送给一个遵守规则的人（或赠给没有这本书的最近的图书馆）。如果你想继续探险，你可以再去买本新书。谢谢你的合作。

3. 你花了11天时间才发现"吉内布拉皇后号"的残骸。毫无疑问，你已经探索过整张地图了，也很清楚过程曲折，但同样也收集了找到宝藏所需的所有信息！去第56页，你还在等什么？你的追捕者是1号潜水员，他在后面追得很紧……

5. 我寻思在哪见过这个标志？如果想不起来，我就问船员这个问题："你见过这个标志吗ΣΣ？"：A2

7. 布雷斯特的雷电！我们已经发现了"吉内布拉皇后号（La Reina Ginebra）"。我去第56页开始探险。

8. ● 这里有许多礁石，我的金属探测器使得我不得不绕过一个又一个礁石。我很快发现要找到"猎人号"的装备所探测到磁场异常的原因，这会让我浪费比预计更多的时间。如果我想继续，我就得在去第409段之前勾掉两个气泡。否则，我就要回到54页，换地图上另一个方向。

9. ● 在我的灯碰到石灰岩内壁之前，我并没有游很远。我游了半圈，重新出发去第328段。

12. 如果你是看了日历来到这里，那你肯定作弊了。逃脱游戏的规则是很明确的，这本书被你的不诚实玷污了。你必须将这本书送给一个遵守规则的人（或赠给没有这本书的最近的图书馆）。如果你想继续探险，你可以再去买本新书。谢谢你的合作。

13. 你在本月最后一天发现了沉船，祝贺你！毫无疑问，你已经探索过整张地图了，也很清楚过程曲折，但同样也收集了找到宝藏所需的所有信息！去第56页，你还在等什么？你的追捕者是1号潜水员他在后面追得很紧……

14. ● 我潜入海底，探测器指引我游向一块几乎全被腐蚀的铜块。没有其他的东西了，很遗憾……我可以回到54页换地图上另一个方向。

15. 我们没有很长时间确定悬崖上鸟群的位置，我们也只是在等待涨潮……运气来了，盖坦告诉我潮水很快将会退去。我们小心翼翼地将"猎人号"靠近悬崖。玛丽索尔用双筒望远镜观察，爆了一句响亮的粗口。她脸一红，对她的粗鲁表示歉意，隔着望远镜对我解释道：海浪打到岩壁上破碎散开的形状清楚地显示那里有一个岩洞。

▶ 是时候潜水了！为了潜水，我可以去第164段。

▶ 我能出发去探索另一片海域（但如果我选择最后一个选项，我必须勾选日历上一个格子）。

▶ 如果我已经潜入水中，但没有找到我要找的东西，我可以勾一个新日期并带着充满的氧气瓶再潜一次。

16. ● 我在鱼雷发射管里滑行的时候提心吊胆。幽闭恐惧症快发作了，但幸运的是，我的手电筒照亮了管道，直到尽头。一厘米又一厘米，我在狭窄的管道内开出了一条道路。终于，我到了一个更狭小的空间：鱼雷室！这里的一切东西都经历了几十年的侵蚀，但我发现这并不是一个现代潜艇。我沿着过道边游边找这艘潜艇来源的线索。我的呼吸短促，心脏猛跳，在每个隐秘的角落，我都期望找到溺水水手的骨头。在看起来像是军官房间的区域，我惊讶地发现我并不是第一个到这里的人！我发现抽屉被抽出来了，抽屉格子打开，到处散落着碎片。很明显这个杂物满地的地方不久前刚被人翻过：这里没有任何藻类生长，几乎看不到任何沉淀的有机物。在我之前的几个小时刚有人来过……这儿没有其他东西了，我可以继续去第 306 段了。

17. 这个频率没有什么有意思的内容。

18. ● 我游着穿过门，进入一个空间，通过固定在地面的木框判断，那里应该有铺位。但这不是我唯一的发现：房间的最里面堆满了白骨！我大概算了下，在这个骨头堆里大约有 12 个头骨。我瑟瑟发抖，很庆幸没有时间去检查这些水手遗骸……从这里，我可以打开一个舱门到下面的甲板（第 55 段），这让我离货舱更近，或者回去。

19. 在这个频率上，一个声音回答我。"喂，这艘船！这里很危险。如果你能来找我，我将不胜感激。但你们太远了，我没法给你们指路。如果你们到了半路，尽量停在我的右边。这是最安全的方法。"

20. 这个实心的金圆盘刚好和我的手掌差不多大。它看起来像是在地图上画的罗盘，但上面刻的不是丑陋的面孔，而是蜥蜴。我似乎在什么地方见过它……如果它确实是一个可以追溯到神秘的奥尔梅克人时代的物品，那么奇怪的是，数字 20 却是阿拉伯数字，这肯定是后来才刻上去的。

22. 有三天的时间去找寻"黄金国号"的航线！毫无疑问这是一个记录……但也许你对你的寻宝之旅有疑问？如果你愿意，你可以返回第 21 页的地图并继续你的冒险。否则，潜水将从第 56 页开始，你的追捕者是 4 号潜水员。你从一开始出发就领先了！

23. 雾渐浓，紧张感随之增强。大胡子盖坦在我身后嘟嘟囔囔，我不知道他在祈祷还是咒骂。时间慢慢过去，根据 GPS 显示，我们差不多走出了困境。当我听到桑亚和玛丽索尔几乎同时惊恐地叫喊时，我的呼吸又急促了。盖坦没有浪费时间，他让我们倒着走以免相撞。但也为时已晚：海浪将我们冲向暗礁。后续见第 252 段。

24. 在这个频率上，我听到了一段奇怪的对话。如果不是其中一个声音的奇怪口音让我产生了疑虑，我可能还以为是渔民之间的对话，但听得更清楚后，我觉得这应该和其他事相关。"索尔吃了马林鱼汤。"第一个声音说道。"很好。七鳃鳗孔雀鱼在刺鱼杜宾鱼中。"第二个声音回答说。在停顿之后，第一个声音热情地结束了对话："鲷鱼王就在眼前，勇敢的水手们！"随后，这个频率就没有声音了。

26. 浮标上的这些符文看起来像 M。现在，除了算它们在字母表的位置外，我怎么把这些字母加起来呢？M 是第 13 个字母，我将无线电调到频道 26，这个频道通常是为港口部门设立的。我无意中听到刚刚听到的那个女人和一个法国男人之间的对话。这个男人焦急地说："金圆盘！我敢肯定，这是解开谜底的三个圆盘。这些所谓的知识分子不懂，但地图上圆盘符号所指示的方向表明……"。另一个声音打断了他："闭嘴，有人在偷听！我会尽快与你联系。你知道这期间该干什么！"然后就只剩下杂音了……

29. 这个深度什么都没有。

30. "想想蒂梅奥！"我在石板上写下这些潦草的字，影响了盖坦。他爽快地放下刀。我借此机会补充说："我保证，我们会让他摆脱困境。跟上我。"我搂搂他的肩膀，以示安慰，让他放心，但我们在沉船中，身后被杀手追杀时，这个动作显然没有任何作用。无论如何，盖坦用拇指和食指组成一个 O，示意我他赞同我的观点。我们一起从第 56 页的地图重新开始探险之旅。

32. 四天就发现了"黄金国号"的航道，干得好！但也许你对你的寻宝之旅有疑问？如果你愿意，你可以返回地图第 21 页并继续冒险。否则，从第 56 页开始潜水，你的追捕者是 3 号潜水员。

34. 尽管我的氧气瓶减压阀报警了，我还是继续下潜。我可以探索下一片海域，但如果我想继续，我得回到第 50 段碰碰运气。

35. 这个频道，我只能听到杂音。

36. ● 我在黑暗中游着。感觉有几个世纪那么漫长。或许我已经死了，独自淹死在这片汪洋中，不得不像一条盲鱼一样永远流浪？当发现自己面对新的绝境时，我的意识恢复了。我除了回到第 73 段，别无选择。

37. ● 沐浴在梦幻般光芒的船舱里，我近距离检查了这个东西。它的四个部分相连，其漂浮的方式绝对令人惊讶！很明显，我可以在这些空间中放入奥尔梅克奖章……
▶ 如果我拥有奖章，我就将刻在表面的三个数字相加，然后去读相应的段落。
▶ 如果我没有三个，那我在这里什么都做不了。我可以稍后再回来，但在此期间，我将回到第 56 页继我的探险。

38. ● 我根据金属探测器的指示在这个区域的礁石之间游着。我挖了好多次,才找到一整套完好的钥匙和唯一一枚金币。我可以回到第 54 页,在地图上选择另一个目的地。

39. ● 我出刀压制了对手。她迅速反击。我去读第 78 段。

40. ● 在我下潜的过程中,不仅水压增加。终于如此接近目标也让我激动。但当发现沉船时,我紧张的情绪瞬间消散。尽管过了几个世纪,我眼前的"吉内布拉皇后号(La Reina Ginebra)"船体仍可辨认。稍远点,我看到从沙里冒出来的桅杆残骸。看起来至少有一部分沉船被掩埋在沙下。我不知道这是如何发生的,但这次冒险让我不再处于疑惑了。当我寻找进入这艘武装商船的方法时,船首头像似乎在轻蔑地打量着我。在一层薄薄的泥沙下,这个头像依然可辨认,尽管过了几个世纪,它仍忠实于它的岗位,守卫着船只。我向它挥了挥手。船体没有裂开,我在甲板搜寻了一番,没过多久便在黑暗中找到了入口。我去了第 127 段,并没有忘记让追捕者前进到第 56 页。

42. 五天就发现了"黄金国号"的航道!太惊人了……但也许你对你的寻宝之旅有疑问?如果你愿意,你可以返回第 21 页的地图并继续你的冒险。否则,从第 56 页开始潜水,你的追捕者是 3 号潜水员。

44. ● 在我游向这片海域的时候,沉船的残骸形状清晰可见。我找到了几个来源不明的物品,可能是腰带扣、鞋扣或者别针扣……还有一堆漂亮的西班牙金币:有七个!我把金币放进口袋,我可以去第 54 页,在地图上选择另一个目的地。

45. ● 我手拿着重重的奖章。感觉是实心的黄金做成,很可能是从几千年前铸造的圆盘上蚀刻而来。在我看来,数字 45 的雕刻时间不长,但无法确定它的年代……中央的图案看起来像是一位弓箭手。

46. ● 管道越来越光秃秃。我在这个白垩纪似的环境中前进,是唯一的生命体……我就像探索小行星带的一名宇航员,没有什么比这更孤独的了。通道再次分叉。
▸ 我可以右转:第 73 段。
▸ 或者我可以左转:第 166 段。
▸ 如果我决定返回:第 328 段。

47. ● 光束在船舱内移动。我关掉灯以免暴露自己,边慢游边小心不被人看到。我发现的景象在第 58 页。

48. 空气继续涌入我的氧气减压阀和肺部。我非常紧张,但继续活动时,我强迫自己慢慢呼吸。提示:如果我没有更多的气泡要勾选,我必须回到第 50 段来试试运气。

49. ● 我在水中踢了一脚……就是字面意思。也许我惊慌失措了,或想恐吓我的对手?她用武器指着我……我要去读第 78 段。

50. 我的减压阀仪表变红了。没有多少氧气了,如果我继续潜水会很危险。我的选择很简单:可以马上上去,结束水下的一天。没有什么能阻止我明天带着满满的氧气瓶回来,但我必须在日历上多勾掉一天。
否则,我可以试试运气并希望有足够的氧气来完成我的潜水。在这种情况下,我可以删除以下段落之一,而不是勾一个气泡:

| 34 | 48 | 65 | 87 | 121 | 294 |
| 296 | 411 | 600 | 470 | 484 | 490 |

然而,每次我都必须读选定的段落。要知道每个段落只能用一次,而且其中一段将让我必死无疑。以身试险多少次,就看我自己的了……

52. 六天就发现了"黄金国号"的航道!你并没有浪费时间……你仍然可以返回地图的第 21 页并继续冒险。否则,从第 56 页开始潜水,你的追捕者是 3 号潜水员。

53. ● 当盖坦认出袭击我们的人时,他抓住了我的手腕。透过他的面罩,我看见他的眼睛充满了恐惧。当我转身时,女潜水员做了一个手势让我血液瞬间凝固:她把手指伸到喉咙下面,然后用手指指我,她盯着盖坦的眼睛。她命令他杀了我!我感觉到盖坦的手握紧了,恐惧涌上我的心头,当女杀手脚蹼一蹬靠近我们时,她的鱼叉直指我的面罩。但突然间,盖坦松开了我,向我们的袭击者冲了过去!她惊讶地发现她的腿被捅了一刀:我去读第 157 段。

54. ● 这片海域相对来说,几乎没有礁石,我很快找到了一小笔财宝:据估计为十七世纪的五枚金币。这还不是"黄金国号",但可以用这笔钱来支付"寻宝猎人号"的燃料!我可以返回到第 54 页,在地图上选另一个目的地。

55. ● 我顺着梯子的横档往下滑,又发现了骨头,到处都有!我推断骨头的大小,认为这不是尸骨,更可能是一个储藏室。有些骨头甚至被锯成几段。在这一堆杂乱中,我看到生锈的刀和一整套炊具,以及密封的罐子。虽然我在船上一枚金币都没找到,但从考古学的角度来说，这艘沉船是宝藏船，它将让"寻宝猎人号"成为人们未来几年的谈资。满怀着光辉的梦想，我继续探险。我可以走通向船下部的楼梯，可能通向底舱（第 317 段），或者我也可以返回去。

56. ● 带着绝望的愤怒，我冲向攻击我的人。我的刀刃刺穿了什么东西。女潜水员逼视我，完全无视她受伤。我去读第 157 段。

57. ● 这一团淤泥十分浑浊，直到我发现自己在更清澈的水中时，我摸到了船的一堵内壁。我去读第 397 段。

58. ● 我在海藻和海葵的缝隙里挖出了六枚金币和一条珍珠项链。在返回到第 54 页以选择地图上另一目的地之前，我把这些都装进了口袋。

59. 我听了几分钟这个频道，但什么都没有听到……

60. 肚子咕咕叫，船员们都在抱怨，但我不想拿我的船去如此危险的海域冒险。所以我们耐心等了大半天。终于，午后雾气散去，我们可以返回港口了。我没忘在探索下个海域时勾上日历上的一天。

62. 你在刚好一周的时间内就发现了"吉内布拉皇后号"的残骸。祝贺你！你的追捕者是 2 号潜水员，不要浪费时间。继续去第 56 页冒险！

63. 到处都是水，到处都是水！在这样的浅海，探测器探测不到任何东西。

64. ● 我在寻宝的时候打扰了一群鱼，但我惊喜地找到了至少七枚金币！我可以回到第 54 页，在地图上选择另一个目的地。

65. 我的瓶里还有氧气……最好在我窒息前赶快结束我要做的事。如果我继续，我必须回到第 50 段再试试运气。

66. 船员们都站在栏杆上看着海面。我们的探测器形同虚设，我们从未如此小心！我们缓缓前进，被薄雾掩盖的引擎声如此低，以至于我都能听到海浪拍打船体的声音。突然，玛丽索尔大叫："左舷有礁石！"。盖坦转向右舷，但速度不够快。只听到一声不详的刮擦声。我不知道在没有外界帮助的情况下，继续这样下去是否足够谨慎。
▶ 如果我命令继续前行，我会尝试通过无线电联系陌生人，并去读第 84 段。
▶ 否则，我可以去第 448 段，以等着天气好转。

67. 除了可能有干扰，在这个深度，我没发现任何东西。

68. ● 顺着手电筒的光，我发现了一条狭窄的通道，我小心翼翼地顺着这条通道往下走。氧气瓶好几次撞到梯子横档上，产生的震动把躲在角落里的鱼都吓跑了。最后，我进入了我认为是核心的地方——潜艇的中枢。内壁已被侵蚀，仪表盘也已破损多年。我没有发现任何可以说明这艘潜艇来源的细节。它应该来自某次世界大战，但我找不到任何可告诉我更多信息的线索。当我的手电筒将海面照成白色时，我正准备继续前行。在壁橱的破门板下，我发现了一块潜水板。这块长方形塑料板上固定着一支铅笔——潜水员用铅笔与其他潜水员交流。上面什么都没有写，但背面画了一个标志，一条像这样的虚线：ΣΣ。如果我愿意，我可以记下这个问题："你见过ΣΣ这个标志吗？"：A2。不管怎样，看来有人比我先到过这儿……

在查看了舷梯的每个角落后，我只找到一个出口：一条通往船尾的通道。这个通道堆满了管子和碎片，看起来不太靠得住。如果我选这条路，我就去读第 119 段。否则，我可以回到第 52 页，并在此选一条新通道。

69. ● 结果超出了我的预期：不仅沙雨和碎屑涌入了我们自己所在的密室，而且在水中感觉到了地震，而这一切快要把我们压垮了。盖坦害怕极了，就在两个球从我们头顶的梁上滚落时，我一下就把他推开了。其中一个球撞到了他的头，我看到他很恐惧。我感觉接下来的几秒钟就像几个小时那样长。在我们周围，"吉内布拉皇后号"颤抖着，炮筒嘎吱作响，摇摇欲坠。我往下方游去找可以躲避的地方，但匆忙之中找不到出口了。接着，一切都平静下来了。这个大杂物堆顶住了。盖坦在我附近轻轻地漂浮着，他是被他身上背的重物带下来的。看起来他还活着，但我不知道他是否会脱险。
▶ 把他留在那儿，我继续去探险：去第 302 段。
▶ 我照顾他：第 118 段。

72. 你在第八天的时候，发现了"吉内布拉皇后号"的残骸。恭喜你！你的追捕者是 2 号潜水员，不要浪费时间了。继续去第 56 页冒险。

73. ● 这里不再有任何生命迹象。我沿着一条几乎笔直的管道游，手电筒的光穿透了千年的黑暗。最后，我发现在我的右边有一条似乎通往上方的通道，但我仍可以继续走正在通过的过道。该怎么办？
▶ 沿右边的通道游：第 498 段。
▶ 继续直行：第 36 段。
▶ 回头去别处勘查：第 46 段。

74. 这个频道上，我只听见嗡嗡声……我可以试试另一个频道。

75. 玛丽索尔似乎不认识我给她看的符号。"也许是一个 ε？你知道希腊字母……是一个直立的 M，一个 W 在头上？"这就是她跟我讲的一切。

76. ● 我向前举着刀，使出全身力气冲向我的对手。但她预料到了我的攻击并避开了我的刀刃。我用肩膀撞击她，她旋转着身体，水流让我漂了很远。在我刚稳住的时候，我发现她的鱼叉尾随我而来……后续在第 78 段。

77. 地图上的这个标注引起了我的好奇。用放大镜细看时，我觉得我能辨认出用几乎透明的墨水写的字母痕迹。我小心翼翼地拿起地图，把它放在阳光最充足的玻璃上。欧锐卡！我可以读下面的几行文字：
首先，险恶先于僵化。
当我们曾经表现笨拙时，
后来你必须机智三倍。
这是什么意思呢？也许当我对这张地图了解得更多时，我就会明白。

78. ● 我受伤了！
▶ 如果这是首次，我去读第 161 段。
▶ 如果是第二次，我去读第 200 段。

80. 去读第 70 段。

82. 你在九天内就发现了"吉内布拉皇后号"的残骸。祝贺你！你的追捕者是 2 号潜水员，不要浪费时间。继续去第 56 页冒险！

83. ● 我在这儿只发现了几个极小的通道，只有螃蟹可以从中溜走。我只能回到第 184 段。

84. 我们走得很慢，水手一直站在瞭望台上。尽管高度紧张，我还是试着与我们的救命恩人搭话，但她回避了我所有的问题。我转向盖坦命令他：
▶ 左舷绕过：第 252 段。
▶ 右舷绕过：第 499 段。

85. ● 真走运！金属探测器指引我到了一处暗礁，我在洞穴中发现了五枚西班牙金币。尽管我的减压阀出了问题，但我仍然面带微笑，我可以回到第 54 页，在地图上选择另一个目的地了。

86. 奇怪……探测器表示在海底以下一两米处有更密集的东西。它可以是任何东西，因为声波不是很精确。在那里用鼓风机挖掘或许可以让我们得到里面的物品，但这项工作将浪费我们大半天的时间。
▶ 如果我想安装鼓风机进行挖掘，我会去第 332 段，那么我得在日历上的一个格子打勾。
▶ 否则，我可以去探索另一片海域，别忘了在日历打勾。
在做决定之前，我可以向船员征求意见："我们必须挖掘这个区域吗？"：A3。

87. 到目前为止一切顺利……到目前为止一切顺利……我有足够的氧气继续潜水，但如果没有可以勾选的气泡了，我必须从第 50 段重新开始，再试试运气。

88. 当我集齐了三枚奥尔梅克奖章，它们开始变热，就像长时间被太阳晒了一样。这事肯定有古怪！只要一有时间，我就仔细检查它们。我同样也可以问我的船员："把这些奖章用来做什么？"：C2。

89. ● 我在名副其实的海藻林中游着。洞穴很大，我看到的光线一直照到了高处，像是悬崖边的裂缝。走了大约五十米后，我发现了两条通道。
▶ 我可以走左边通道：第 139 段。
▶ 或者右边通道：第 239 段。
▶ 如果我想折回，去第 164 段。

90. "奖章怎么办？"如果有两个，我会告诉你做一对耳环，但要是还有第三个，我就不知道了……"盖坦开怀大笑。"你很清楚不该问我这些问题，老兄！好了，我去干活儿了。马达可不会自己上润滑油！"我要重新考虑这个问题。

92. 你花了十天时间才找到"吉内布拉皇后号"的残骸。你可能已经探索了整个地图并多次冒险，还收集了寻宝所有必要的信息！去第 56 页深入探索吧，你还在等什么？你的追捕者是 1 号潜水员，他在后面追得很紧……

93. 如果我正确解码了探测器的显示值，两个沙洲之间可能有一条笔直的通道。船体可能会被剐擦到，但我们还是应该过去。

94. 这片深海也没有什么发现。除了浮游生物微弱的回声……

95. ● 我摸索着游着，撞到一面墙，这堵墙因撞击而坍塌。天花板砸到我的头上。我感受到了第一波撞击，但接下来的撞击似乎减弱了一些。我的减压阀从嘴里掉了出来。我意识到我的手够不到它；我被掉落的东西压得动弹不得。我的生命结束于在这黑暗的水下洞穴。这次冒险结束。

96. 我花了很长时间在沙滩和礁石上搜寻，在里面生活的软体动物都视我为敌，而我挖掘出来的大部分各种金属碎片几乎毫无价值。最后海底捕捞收获寥寥：我只发现了两枚金币。我回到第 54 页地图中选择另一个目的地，并勾选了一个气泡。

97. 桑亚仔细查看了我给她看的符号。"它可能是一个希腊字母，但我觉得它更像是一个符文。如果我没记错的话，它表示太阳，但形式更为古老。"

99. 像这样斜向出现的一连串小回声，往往是一团气泡从底部升起的征兆。没有能把我们引向宝藏的东西！

100. 玛丽索尔兴奋地接过我带来的加密信息。"我爱解谜！"在打开智能手机上的笔记应用程序之前，她欢呼道。"我不一定有时间为你解开所有的谜，但我可以让你找到线索。看：信息末尾的 5X5，以及开头按字母顺序排列的这组 25 个字母，IJKLM……如果我们将 25 个字母排列在五行五列的网格中会发生什么？"

她在手机上画了个表格给我看：

I	J	K	L	M
H	U	V	W	N
G	T	Y	X	O
F	S	R	Q	P
E	D	C	B	A

"你明白了吗？我们如果找到正确的路径，就能按顺序把字母读出来。我认为，如果你把遇到的加密字母，排列在这样的表格中，然后用正确的顺序解读，就能破译它们。"

101. 我把符号给盖坦看，他耸了耸肩，眼神有些茫然。他咕哝了几句，转身回去工作。但我感觉他同时也在用眼角观察我……除非我想多了！

102. ● 我花了很长时间在大量的船体碎片中找到两枚金币。可以肯定的是，这里确实有一艘沉船。但我担心失事和几个世纪的海流已让它面目全非。我可以回到第 54 页选择地图中的另一目的地，不会忘勾选一个气泡。

103. 盖坦掌着舵，担心地看着我。"寻宝猎人号"吃水深度比我们要救的船要大。想要避免搁浅需要好运气。我让盖坦设定航线：
▸ 正北：第 162 段。
▸ 北、西北：第 324 段。
▸ 北、东北：第 204 段。

104. 当我来指控他时，居伊看着我，然后转头看向正在靠近的黑色小船，然后又转向我。"不！"他抗议。"我与此无关！我永远不会与这些人合作。你以为我疯了吗？"他真的生气了，我决定让他一个人待着。

如果这是我的第一次指控，我可以和另一个人谈谈。否则，我就去第 512 段。

105. 当我拿起这把刀时，它就碎成了很多块。铁锈侵蚀得很彻底，但很明显，要用这把刀将这些字母刻在墙上，很费劲。我还是别触摸这架骷髅了，免得它散架变成一堆骨头。在我们可以进行真正的分析之前，我只密切关注线索的寻找。我注意到他的金牙，没有暴力死亡的迹象，珍贵的戒指……他肯定不是普通水手。

106. 不可能找到盖坦！船上少了一套潜水服和配套的所有设备。他一定是在我在船头忙活时下水了……我回到第 56 页。

109. ● 在这个区域游的时候，我不必去远处寻找。一块庞大的船体部分很快出现在我面前。这块船体碎片应该带来更多的东西，但我好像认出了一个拿着盾牌的头像。离那里不远，金属探测器引导我找到了一、二、三……四枚金币。我只需要返回第 54 页继续搜索，以在地图中选择另一目的地。

110. 我手里拿着令人震撼的一个几乎被遗忘的过去的证物：一个前哥伦布时期的纯金纪念章，其工艺与创造它的文明一样神秘。除了中心的图案外，它很像主地图绘制者画的罗盘。这是一种用单线条勾勒的装饰性太阳。一个无耻的破坏者在表面新刻上了阿拉伯数字 1、1 和 0。

111. 居伊惊讶得睁大眼睛看着奖章。"太漂亮了！你称过它们的重量吗？它们一定很值钱！"当我问他是否知道如何利用这些奖章找到"吉内布拉皇后号"时，他抱歉地耸了耸肩。我可以向另一位船员问这个问题。

112. ● 这个通道尽头在向上延伸。我必须回到第 184 段。

116. 桑亚微笑着迎接我，我从来没见她这样笑过。"你运气太好了！你即将参观被认为永远消失了的"吉内布拉皇后号"！谁知道你会发现什么秘密呢？如果是你第一个发现宝藏，我建议你尝试去底舱。他们一定把宝藏藏在那里。但要注意所有细节，你找到的每个物品都可能隐藏丰富的信息！"我可以回到第 56 页。

117. 桑亚对我笑了笑。我有一种感觉，她很开心我征求她的意见，即使她表现出来的样子不是最友好的。
"考古学，一部分靠推理和科学，但同样也靠运气，或是本能，如果你愿意的话。"她看着日历，似乎在思考。"这必须根据我们剩下的时间做出决定。不然，这片海域全是我们去过的痕迹，我倾向于告诉你，我想探索它的每个角落！"这对我没有任何帮助。我可以去找其他人谈谈，或者回到第 86 段决定要做什么。

118. ● 我快速冲向盖坦，把他放在倾斜的地板上。装备似乎没有损坏。他的呼吸规律，但却已经失去了意识。他的帽子下渗出少许鲜血，不太令人担心。他的头可能会肿起来很大一个包，可能还有一点颅外伤，但我摇了摇他，我应该能让他苏醒。我慢慢摇他期望他完全恢复意识，并借机通过手势和石板，想告诉他可以信任我。他同意随我勘查残骸。然而，我们已经浪费了时间：在继续之前，我必须让我们的追捕者前进。然后必须决定是否想穿过天花板上的一个洞，去查看船尾（也许我会在船长舱里找到线索），或穿过门寻找通往底舱的通道（宝藏应该在那里！）。第 56 页的地图将告诉我相应的段落。

119. ● 要走通道可不容易。不止一次，我不得不拖开生锈的管子来开辟一条通道。这艘潜艇遭受了强烈的破坏！在几乎完全黑暗中度过了漫长而疲惫的几分钟，我来到了一个半开的舱口。轻轻推了推它，我想应该能强行破门而入。
▸ 如果这是我想做的事，可以去第 214 段。
▸ 要不，我可以回去，从潜水艇出去，从第 52 页选择另一个入口。

120. ● 我知道氧气瓶里的氧气不是无限的，所以我工作得有点太快了。我用刀撬了一堆层叠堆积的碎片后，这些东西轰然倒塌！我拿着手电筒费劲地从中挣脱了出来，但我的头被砸了。疼痛并未持续很久，当我回过神来时，发现身陷淤泥当中。隧道中到处充斥着细腻的泥浆，连我的手电筒的光都无法穿透。我想找一个标志物，但徒劳无功，完全不知道该往哪个方向走。
▸ 往右：第 397 段。
▸ 往左：第 95 段。
▸ 返回：第 57 段。

121. 我尽量减少我的动作，这样我就不会消耗太多氧气。我让自己漂浮着，不挥动手掌，呼吸尽可能地缓慢下来。我可以探索下一个区域，但如果我想继续下去，我必须回到第 50 段。

122. ● 在这里，两块岩石露头之间，我发现了一个仍可辨认的木栏杆，只埋入沙子几厘米深。再往前走一点，我的金属探测器引着我找到了一枚金币，接着又一枚，然后是另一枚。仅仅几分钟后，我有了八枚金币。有了这笔可观的收获后，我可以回到第 54 页，在地图上选择另一个目的地，并不忘勾选一个气泡。

123. ● 奇怪的是，奖章不会留在原处。就好像有磁力排斥它们……我可以尝试另一个顺序或回到第 50 页。

124. 我只有几秒钟的时间向无线电里神秘的声音寻求建议："我该走哪条路？"。我的对话者回答："左舷！"。我回到第 84 段下命令。

125. "你要在那下面找到什么？很多东西肯定都是用西班牙语写的！"玛丽索尔开玩笑地对我说。"我希望你已经检修好了。否则，好吧，你只需要把它们带回来……无论如何都要小心。残骸看起来好像完好，但它可能没那么坚固。一个不小心，你可能会被埋在里面……或更糟糕的是，毁掉我们想要寻找的过去！"我回到第 56 页。

127. ● 带着靠谱的手电筒，我进入了"黄金国号"。中舱里堆满了许多残骸碎片：如果船体和桅杆的木材经受了几个世纪的考验，时间则瓦解了桶的木材。舱中央有一个用于缠绕锚索的卷轴。我心想这个卷轴是否被埋在附近的某个地方……我找不到任何有价值的东西，但发现了两个出口。一个是通往下层甲板的楼梯（第 469 段），另一个是去往船尾的通道（第 525 段）。两者都完全被沙子掩埋。

128. ● 通道很狭窄，我很快意识到自己无法继续前行了。观察了土壤构成，我觉得天花板在很久以前就遭受了侵蚀，而我正身处一个更大的洞穴中。我要返回了，希望这里不会再有塌方。我回到第 164 段。

129. 这片海底看起来是沙质的，但没有什么能表明这里藏着有意思的东西……

130. 当我问盖坦对我们的冒险了解多少时，他对我坦然一笑。在回答之前，他用力吸了下他的烟斗，说"没什么了解，我必须说。当然，这儿所有的人都听说过'黄金国号'……传说中的宝藏船，但只存在于传说中。人们找了很久，甚至战争时期也有人在找。但除了这些，我并不比船上其他人知道得更多。你也问过他们吗？"

132. ● 我白试了，每个我放进去的奖章都被不知道什么力量弹出来了。难道是另一种暗码？否则，我可以回到第 50 页。

133. 桑亚看着我给她看的加密文字，皱了皱眉。"我想我帮不了你。我相信去网上搜索倒会给我们一些线索，但我还有其他紧急的事情要完成。对不起。"她在再次投入到工作之前跟我说。

134. 我在无线电上呼叫时，一位带北欧口音的女士回复了我。奇怪的是，当我自称是"寻宝猎人号"船长时，她并没有告诉我她是谁。但我没有浪费时间让她注意到她的不礼貌，因为她主动提出要指引我穿过迷雾。她告诉我，她有一张非常精确的礁石地图，如果我向她发送船的 GPS 位置，她可以在上面帮我定位。我感激地接受了她的帮助。如果我想决定走哪个方向，可以在用无线电呼叫她的时候，询问她的建议，并将这段话所对应的编号加上 40，看看这是否可行。我要去第 66 段。

139. ● 通道突然上升了几米，我发现自己在海面上，一个几乎垂直的井中。在我上方可能十五米的地方，我可以看到飘着云朵的蓝色天空。当我正要再次潜入水中原路返回时，我在岩石上发现了一个标记。看起来像姓名的首字母 CC，以及一个部分抹去关于年龄的日期：6 月 16 日……我再回来的时候得带着相机，但我觉得这个日期旁边刻有乌鸦的轮廓。我重新戴上面罩，回到第 89 页。

144. 我们走的这个航道似乎正在变窄。很快，我们发现自己离浅滩太近了，不得不掉头回去。我回到第 30 页。

145. 当我问他我得在"吉内布拉皇后号"中找什么时，居伊拍了拍我的肩膀。"哦，你可能会找到独一无二的宝物！想象一下传说中的商船能藏着什么……但你应该问问盖坦。当我帮助他潜水时，看起来他知道他要去哪里……此外，我不知道你也下来了。我以为他是你的替补。"我没等他说完就跑去找盖坦。我可以去第 106 段。

147. ● 我将金属探测器在安全带上的防水袋中，我毫不费力地找到了通往沙底的路。幸亏阳光穿透至这个光线稀薄的海底，我看到许多锋利的岩石从沙子里冒出来。
值得信赖的金属探测器很快就为我指明了磁力异常的路。磁力异常来自岩石周围的水流冲积形成的一个沙丘。我用一把铲子和一个筛子很快就找到了我要找的东西：生锈的铁块和石化的木头，还有……四枚西班牙小金币！这是一个好的开始。这里某处的确有一艘沉船，毫无疑问是被岩石击穿漏水后沉没的，在"吉内布拉皇后号"时代，这些岩石一定是危险暗礁。我可以回到第 54 页来决定我的下一个目的地。走点运的话，我希望能找到一种方法来找到去沉船的方向。

149. 看起来像是泥浆产生的一些气泡。但除此之外，探测器在这个深度什么也找不到。

150. 我发现刻在洞穴石头上的明显是一个加密信息。我花时间把它记了下来，但我不确定自己能找到解密的方法。我还可以问船员这个重要的问题："你能帮我解密海盗留下的信息吗？"：C3。

151. ● 我下往悬崖更深处，植被逐渐消失。我所在的通道够宽，可以畅通无阻地在里面游。突然，我手电照到了右边一条狭窄的通道。我准备继续前行，但什么东西阻挡了我。我敢肯定，光照到了通道另一边的一个金属物体。这个通道只能容下我的头和一只手臂伸进去。而另一边，通道很快就变宽了，我可以清楚地看到大约十米外有一个东西闪烁着金光。但更令人惊讶的是，当我将灯光打向上方时，发现这个东西冒出了波光粼粼的水面！我距离一个露出水面的地方只有几英寸远，那里肯定有黄金！
我仔细观察这个通道：看起来塌方部分堵住了它。从岩石上的沉积物来看，这应该发生在几个世纪以前。当我疏通通道时，一些岩石滚下来，一团细沙和有机废物随之释放到水中。看起来我清理通道不会有太多麻烦，但如果我决定做，还是得小心。
▶ 我尝试扫清通道：第 120 段。
▶ 我更喜欢沿着安全通道继续，左边：第 328 段。
▶ 如果我决定返回：第 251 段。

154. 桑亚任我把奖章放在甲板过道上的导航站上。"你不应该徒手拿这些无价之宝。"她说。我忽略了她的指责，并问她是否了解我们面对的谜团。"我真不知道该告诉你什么，但我想……"她皱着眉头说，话只说了半句。显然，她的大脑正在全速运转。片刻后，她将主地图放在桌上。"我认为我们应该能够在你已经探寻过的三个地点基础上，在主地图上对'黄金国号'的位置进行三角测量。"她准确地告诉我它们在哪里（我可以借机在第 8~9 页让大家想起这些点的位置）。
▶ 埃斯库多正好位于内鲁兹岛（区域）延伸出的小岛的南部。
▶ 洞穴位于蓝色"Xc"字的西北方向的尖角上（区域 2）
▶ U 型潜艇就在文德雷斯特岛和海岸之间（区域 8）文本第一列中"DNA"的 D 旁边。
桑亚叹了口气，总结道："但我不知道如何确定利用什么角度……你呢？"

157. 漂亮的一击！我现在比我的对手有优势。如果这是第二次发生，我转到第 207 段。否则，我回到第 60 页决定新的行动。

161. ● 我难以置信地看着鱼叉从我的大腿上穿过。一团猩红色的云朵在伤口周围慢慢扩散，但我现在只感到一阵剧烈的灼热。女潜水员重新装备好她的武器，她的面罩后目光坚定。我回到第 60 页决定该怎么做，但我害怕她会对我毫不留情。

162. 我们避开了几百米的浅滩，但还有很长的路要走。必须选择往哪个方向走。
▶ 向北、东北方向：第 144 段
▶ 向北航行：第 401 段

163. 桑亚兴致勃勃地检查着我从 U 型潜艇带回来的机器。"太迷人了！"她说。"那时用于加密和解密消息的机器与我们的计算机配合使用。多么巧妙！"当我问她是否知道如何使用它时，她却只耸了耸肩，又继续她的工作。

164. ● 我让重物慢慢地带着我到海浪下，同时小心翼翼地用脚蹼接近悬崖。我轻松确定了一个通道的入口位置：一个水下洞穴。我带着手电筒，在海藻覆盖的沟壁之间游着。再往前几米，我发现了三个通道。我必须选择去哪里。无论我选择什么，我都必须在第 26 页上勾一个气泡。如果我的氧气用完，我必须转到第 50 段。
▶ 我可以向左走：第 251 段。
▶ 继续直走：第 128 段。
▶ 或者向右走：第 89 段。
▶ 显然，我可以放弃这次潜水，回到第 26 页。

165. 玛丽索尔明显很兴奋，她弯下身子看我给她看的机器。"看起来像一台恩尼格玛密码机，或者类似的东西。我不知道它是如何工作的，但我觉得它可以帮助我们处理主地图上的文字。你注意到这里的字母了吗？"她边说边给我看 GAMINE 这个词。"这个词看起来像是维吉尼亚密码的密钥，你可以试试转换纸上的线索。"

166. ● 我沿着一条长长的裂缝，来到悬崖下面，但不通向任何地方。不管我怎么找，都找不到通道。我必须折回到第 46 段。

170. ● 这个仓库的另一边没有什么有意思的。通往船头的通道被另一次塌方完全破坏，但通往下层甲板的楼梯（第 47 段）却没被损坏。有些事不正常：我看到台阶底部有光！没有什么能强迫我继续，如果我太害怕，可以返回。

174. 检查探测器显示的内容后，我很快意识到左舷方向有一片岩石浅滩。简而言之，一个船容易陷入的陷阱。我回到第 84 段做决定。

175. 我从包里取出三个奥尔梅克奖章，把它们置于我的面罩前。机器发出的微弱光芒似乎是对它们的出现的反应……我准备将它们塞入三个缝隙，但是以什么顺序呢？

当我决定后，我只需要去编号由上述数字组成的段落。例如如果我想按照 1、2、3 的顺序把它们塞进去，我就去第 123 段。

176. 这个频道上没人回应我的呼叫。

178. 玛丽索尔盯着我看了一会儿，然后用浓重的西班牙口音回答我："哦，没什么好说的。我 23 岁，我在加的斯学习考古，多亏了我的论文老师，我才找到了这份工作。我对 17 世纪的船舶很感兴趣。"年轻的女孩害羞地冲我笑了笑，然后把注意力转回了她的手机上。我可以回到第 18 页继续与她交谈，或者继续冒险。

183. 当我问他是否可以帮助我时，居伊似乎考虑了一会儿。"我记得看过一部纪录片……一定有办法让它运行。你可以用维吉尼亚密码破解一下试试。"虽然不是很清楚，但我还是感谢居伊帮我。

184. ● 通道稍微变宽了，藻类更少了。在两块岩石之间的岩洞里，我看到了一些骨头：肋骨碎片和半块颚骨……是人类的！我肯定这里有什么线索，尽管我害怕走错路了。
▶ 我选择右边的通道：第 112 段。
▶ 我更想走左边：第 83 段。
▶ 我返回：第 295 段。

191. ⬤ 这里的海底主要是沙子。一丛丛海藻长满了岩石，在岩石中，我发现了金属碎片和……几枚金币。我放了三个到包里，然后返回到第 54 页，选择地图上的另一目的地。

198. ⬤ 这个隧道不能带我去任何地方。我回到第 328 段。

200. 穿透我身体的第二个鱼叉很致命。在我察觉到我的伤势之前，视线就模糊了，而且也游不动了。我不知道我在哪里……我只能看到我的凶手的面罩。当他的手抓住我的包时，眼睛冷冰冰地盯着我。然后我的眼前一黑……永远。我永远都不会浮出水面了。这次冒险结束。

201. 盖坦给了我一个宽容的微笑，"不错的打字机。你要克服专业跨度带来的困难。"他对我说。"如果你不明白，对于这种问题，我可提供不了咨询，那是因为你真的不擅长寻宝！"他勉强笑了笑，把我撇在了一边。

202. 这里有个瓶子！这就是这个箱子里的东西。仔细检查后，我发现它包含了一个信息。如果我想打开它，我发现的文件显示在第 44 页和第 45 页。但这并不是我发现的全部东西：我发现一块面纱，包裹着一个金质奖章，奖章中间刻有弓箭手和数字 45。
▶ 如果这是我发现的第二条此类线索，我会去读第 367 段。
▶ 如果是第三条，我会去读第 88 段。

203. 我看见底部有三条鱼。我们如果让鼓风机运行起来，它们会厌恶我们的！

204. 我们朝着失事者的方向缓慢前进。底部剐着船体，但我们的船仍然漂浮着。还有几百米要走，但最安全的路是哪条？
▶ 向东北方向：第 567 段。
▶ 向北、西北方向：第 144 段。

205. 当我指控他时，盖坦瞪大了愤怒的眼睛。下巴紧咬，他似乎想说什么……然后他张嘴吐出一大堆脏话，让我再说一遍都觉得羞耻。"你的傻话可真逗！我不在乎你的阴谋论。难道我们麻烦还不够多吗？我有一条需要修理的船！"他挤开我继续做他的活儿。我跟着他走了几步，听到他抱怨。"如果船上有叛徒，肯定是最后一个到的人……"但我没有证据，我让他干修理活儿，他快得惊人：仅仅几秒钟后，所有的指示灯都亮了。我将引擎杆推到底，"猎人号"向港口迅速前进。攻击我们的人通过无线电大声喊话，但我们毫不犹豫地超过了对方。船上的人们放松下来，但我却平静不下来。我对我的船员的信心已经动摇了，我不喜欢这种感觉……艰难的一天结束了。我在日历上勾掉了一天，明天，我可以去探索另一片海域了！

206. ⬤ 盖坦没有让我写下一条信息。他从大腿皮套里掏出一把刀并走近来。他用目光恳求我返回去，但我拒绝放弃我的追寻！
▶ 我拔出自己的刀自卫：第 500 段。
▶ 我更喜欢用胳膊肘击附近的大炮来声东击西，希望能让敌人分心：第 69 段。

▶ 如果我知道盖坦孙子的名，我可以不顾一切地说服他放下武器。为此，我去了与他孙子年龄月份相对应的段落。

207. 我赢了！我怀着深深的不安，看着那个想要夺我性命的女人死去。如果我丢失了奖章，我会在她的包里找到它们，她的包上也标有符号 ΣΣ。

211. ⬤ 我慢慢接近地图中标记异常的位置，确信我正在接近这个神秘沉船的中心。当金属探测器报警时，我真是太高兴了！我根据探测器的指引，立即发现了从泥泞的底部有一大块船体残骸冒出来。我花时间仔细检查它，因为它看起来像一艘战船华丽的船尾……花了几分钟的时间挖掘，最后我发现了字母 E、S 和 U 仍然清晰可辨，这要归功于海底的淤泥。我会发现"吉内布拉皇后号"的护卫舰——埃斯库多号吗？
我跟随探测器的指引继续我的搜寻，心怦怦跳。我戴着手套的双手终于又把一枚金币收入掌中……想不到是一枚奖章，一枚比我手掌还大的奖章。我很难在水下分辨这样的细节，但它看起来像是前哥伦布时期的作品。我认为是时候返回水面检查这个宝藏。这无疑是我在这个地方能找到的最有意思的宝藏……一回到船上，我就可以去第 322 段仔细看看我的发现。如果我愿意，只要我还有气泡，我就可以去第 54 页继续探索大海！

212. ⬤ 我试图打袭击者的左手，但她抓住了我的手腕。她的鱼枪在这么近的距离毫无用处，她丢下它，想伸手去拿刀，但我抓住了她的小臂，我们像摔跤手一样，被迫战斗到死。我们猛烈地拍打脚蹼，肌肉紧绷……她明显比我强壮，我赢不了这场比赛。我必须尽快抓住一次机会。
▶ 我放开她的手臂，试图扯掉她的减压阀上的送气管：去第 277 段。
▶ 在刺她之前，我用另一只手抓住刀：第 381 段。

213. ⚫ 奖章卡在圆柱之间，仿佛被一种磁力吸引……我不禁觉得黄金能被吸引太奇怪了。当机器震动时，它们立即开始反方向旋转，然后又向另一个方向旋转。西班牙商船残骸中的这种不协调的场景让我想起了一台放磁带的旧录音机。一分钟后，震动让我的勇气全失，我感觉水的温度也上升了好几度。突然一阵害怕，我试图逃离小屋，但双腿无力。我的世界一下变白。世界毁灭，我的肉身消失，只剩下我的意识和虚幻。我翻到第 42 页。

214. ⚫ 我打不开舱门！我必须使劲靠在舱门并用腿推，舱门才发出尖锐的吱吱声。我的惯性将我推向两个巨大的铁锈堆之间。我松开了我的手电，成功地抓住了一根连杆然后在黑暗中撞到什么。晕头转向的我强迫自己屏住呼吸。水被生物体的碎片和铁锈颗粒搅浑变黑了，但我仍可以看见手电筒发出的白色光芒。我手眼并用，小心翼翼地重新抓住了手电筒。幸运的是，它没有被夹在马达零部件之间！当我寻找出去的方法时，意识到回去是不可能的了：到目前为止，我所走的通道满是碎片。我强行打开舱口，最后肯定损坏了内壁并导致生锈的金属倒塌。我打着手电照亮了我周围，我发现自己在一个长长的机房里。我忧心忡忡地去勘查另一端：我会在那里找到出口吗？我去读第 298 段。

216. ⚫ 我的刀直直地向攻击者的减压阀刺去。刀刃从金属上弹开，刺穿了他面罩上的玻璃。当我把刀拔出来时，我看到她的面罩慢慢地涌入了水。我去读第 157 段。

217. ⚫ 地图上所标注的区域布满了金属碎片。我挖掘是为了找到这些碎片，但我很快意识到，我是无法将它们带上船的。它们太多了！我数了数有半打，堆积如山，就好像几乎垂直地从下沉的甲板上滑下似的。船肯定是被撞击后一分为二了！我的探测器显示几米外有两枚金币，我将它们放到我的战利品里。我现在可以回到第 54 页，在地图上选另一个目的地。

229. ⚫ 仅仅几英寸的地方，隧道变成了死胡同。我得回到第 251 段。

230. 我们脚下的海底密度并不大——它的颜色相对较浅。似乎也没有任何迹象表明那里埋有任何大型物体。

231. ⚫ 我将奖章插进这个东西，它停止了发光。有那么一瞬间，我发现自己又在黑暗中了。接着又有了更强的光，几乎令人炫目。一道电击声响起，三枚纪念章被用力弹射出去。我游过去把它们捡起来，关切地看着奥尔梅克机器的震动越来越强。我不知道会发生什么，但不会太久就会发生了。我必须在某处记下 300 这个数字。如果我的下一次尝试不成功，除非另有说明我将不得不回到本段。

232. ⚫ 当杀手明白我想帮她时，便任由我靠近。我给她我的减压阀，以便有时间拿出一卷胶带凑合着修补她的供气管。她点头感谢我。我示意她浮上去，她用拇指和食指做了一个 O 形，这是潜水的手势，意思为 "OK"。如果我丢了奥尔梅克奖章，她会在离开沉船之前将它

们交给我。于是，我可以自由地从第 56 页重新开始我的勘查。

234. ⚫ 这里的损毁也相当严重！我发现了一台散架的柴油发动机，然后——我在氧气面罩里如释重负！——船体上有一个大裂口。我到达船尾，至少船尾还在。我于是可以自由地游到外面……我可以去第 52 页探索 U 型潜艇的另一部分，或者返回看看相邻的大厅（第 306 段）。

239. 我所在的管道里到处都是各种大小的藻类，很难通过。挣扎了几分钟后，我不得不承认事实：我不会继续走了。我转身回到第 89 段。

243. 噢，一条大鱼！

247. 在这个频道，我无意中听到了一男一女之间的对话，口音很难辨认。他们谈论破译一首诗和一个关于太阳和蜥蜴的故事……音质很差，我什么都听不懂，但他们的语气让我觉得这个故事很重要。

251. ⚫ 我边检查着内壁边小心翼翼地前进，很快又发现了两条新的通道。这些洞穴真是个迷宫！
▶ 如果我向左走：第 229 段。
▶ 如果我直走：第 295 段。
▶ 如果我走右边：第 151 段。
▶ 我可以回到第 164 段，返回。

252. 发生了可怕的撞击。刺耳的声音传来。我一恢复平衡就冲向船头，却只看到了糟糕的一幕："猎人号"搁浅了！当盖坦来向我报告损坏情况时，他还未开口，我就明白了。因为

他垂头丧气的样子告诉了我一切。没有帮助的话，我们将无法摆脱这糟糕的境况，并且维修的费用也很高。对于财务每况愈下的我，根本承受不起。我不得不放弃成为第一个发现"黄金国号"残骸的人。这次冒险结束了。

260. 这里只有几株海藻，金属探测器在其中探测到一堆生锈的金属——也许是木匠留下的钉子。然而我的力气没有白费，因为我还在这里发现了一枚西班牙小金币。我可以返回到第 54 页选择地图上的另一目的地。

261. 无线电咔啦作响。我敢肯定那个频率上有人，但没人说话。半晌后，终于有一个女声快速说道："紧急通讯！把符文加在一起，就像它们是字母一样，这样你就知道该把收音机调到哪个频率了，完毕。"如果我理解了如何"把符文相加"，我可以转到相应的段落。

275. 收音机卡在同一个频道上。我们的追捕者对我们喊话！我透过望远镜看到的那个女人命令我们，她的口音难以辨认，就是这样！"我们是'索维洛号'。我们正在靠近，准备登船，不许任何抵抗。我重复一遍：我们是……"我不觉得我会改变她的想法，所以不会在她身上浪费时间，我回到第 38 页。

276. ● 从底部沙子冒出的岩石上满是海贝，这让我口水直流。要是我有时间就好了，就能采集它们当晚餐了！我让胃安静下来：我是去寻宝的，而不是来钓贝的。我跟着金属探测器的信号走了半天，却只发现了汽水罐，大概是被游客扔掉的……可就在准备放弃的时候，我挖出了两枚金币！有了这个开始，我可以回到第 54 页的地图选另一个目的地。

277. ● 我以迅雷不及掩耳之势击打过去！撕裂的送气管喷出巨大的气泡，我看到追捕者的目光不再残忍。她愤怒地一蹬脚蹼，以最快的速度远离我，试图抓住她的送气管把它装回原处。我尾随她，绝不会任她再伤害我。不到一分钟后，她疯狂的举动终于慢了下来。她停下不再游动，无力地试图修复她的氧气瓶管。她的时间不多了。
▶ 我可怜她：第 232 段。
▶ 我看着她，任她窒息：第 207 段。

282. 盖坦停下手头的活儿回答我的问题。"这取决于你们。机器不是很复杂，只需干活的时候将其安装好，随后将其固定即可。我对考古学一窍不通。我不是能告诉你这沙下是否有宝藏的人。"如果我愿意，我可以询问其他船员，或者回到第 86 段。

284. 底部非常不平整，沙子掩盖着岩石。我们的方法把鱼都吓跑了！我一直盯着屏幕，希望能找到一个通道，让我们能够顺利抵达沉船残骸。

285. 仔细地观察这次塌方后，我可以猜出三百五十年前这里发生的事情。洞穴可能是那时出现的，一定有办法步行或至少也能乘船进入。然后那个地方的一部分塌了，使得这个可怜人又渴又饿，最后死在了这里。

286. ● 我从盖坦的眼中读出了痛苦和羞愧。他的回答很难懂，手也抖得厉害："我不能……对不起。你放弃这个宝藏吧。他们不会伤害你的。"形势微妙。
▶ 我可以拒绝服从并试图说服盖坦：第 206 段。
▶ 或者我可以假装并尝试强行通过，去第 545 段。

294. 继续潜水，我还在呼吸。我能去下一个海域，但如果我想在那之后继续前行，记得回到第 50 段。

295. ● 海底隧道蜿蜒数米。我在海藻之中开道前行，发现了一根树枝。
▶ 向右走：第 467 段。
▶ 向左走：第 184 段。
▶ 返回：第 251 段。

296. 尽管压力明显下降，但我仍可以呼吸。我赶忙继续潜水，因为瓶子现在空了。在勘查了下一个海域后，我被迫立即结束探险。我必须在日历上勾掉一天，并决定我明天是回到这里潜水，还是去地图上的其他地方。

297. 声呐很明确：底部布满岩石！如果我们密切关注它，我们应该能够避开最大的礁石群。如果接下来我想选择继续前进的话，我可以在我选择的编号上加上 90 来查看对应的段落。

298. ● 这艘潜艇的船舱遭受了严重的破坏，通道两侧的两台巨大的柴油发动机几乎从它们的位置上被扯下来了。所有东西都生锈了，并布满了藻类，但我在发动机脚下找到了一块刻着字的板。上写着 Germaniawerft 这个词，可能是制造商……看起来我发现了 U 型艇！当我继续前行时，这条走廊里吐着气泡的鱼在我的灯前逃跑，我将它们追到墙上的一个开口处。这无疑是通向下层甲板的舱口，但茂密的植被使其难以辨认。这里好像没有其他出口了。
▶ 我游过舱门，去读第 306 段。
▶ 我更想离开潜水艇：我用了 1 个气泡，回到第 52 页。

300. 奥尔梅克人的机器发出的光太强了，我不得不转过头去。我闭上眼睛，但这并不能阻止我感觉到令人不安的脉动。突然，我周围的水温上升了，发生了爆炸。我还没明白发生什么事儿，我的身体就已经被炸成了碎片。在我上方，"寻宝猎人号"被核爆炸的冲击波抛到空中，这次核爆炸是我启动的，运用的技术超出了我的水平。这一事件将会成为人类历史上的一个谜，此次冒险结束。

302. ● 叛徒得到了他应得的报应，我告诉自己以安抚我的良心。我的追捕者可能会照顾他的……毕竟，他现在是他们的团队成员。我根据第 56 页的地图继续探索。然后我必须决定是否想穿过天花板上的一个洞，去查看船尾（也许我会在船长舱里找到线索），或穿过门寻找通往货舱的通道（宝藏应该在那里！）。

303. ● 凭借新手的好运气，我躲开了冲我而来的鱼叉的袭击，并将刀刺入了攻击者的腿上。她透过减压阀在痛苦和愤怒中咆哮。我去第 157 段。

305. ● 我勘查了一片较大岩石群的边缘，四个世纪前，这些岩石一定是探险者口中人尽皆知的障碍。我无法穿过最窄的缝隙，但使用金属探测器快速扫描后，我发现了四枚西班牙金币。现在我可以回到第 54 页，在地图上选择另一目的地，会记得勾选与在水下度过的时间对应的气泡。

306. ● 我在一个看起来是无线电台的地方。在一种奇怪的直觉驱使下，我还是花了时间检查现场。在有可能是工作台的一堆有机物里翻找，我发现了点东西。这是一个小手提箱。可能它还防水。当我完成这次潜水后，我可以通过翻到 46 页来打开它。
▸ 我可以从这里去机舱：第 298 段。
▸ 或者去第 16 段的鱼雷室。
▸ 或者结束这次潜水，因为我在绕圈子。

311. ● 我的刀在面前划出一大道弧线，刺中了攻击我的人，刀在她的手背上留下了一道深深的伤口。疼痛迫使她松开武器，武器慢慢地沉入黑暗之中。我去第 212 段。

312. ● 我去第 231 段。

317. ● 我在一个底舱宽阔的空间里慢慢游动。手电筒照到了一堆残骸，它们是桶、麻袋、板条箱和其他补给。我小心翼翼地前行，当心不碰到任何东西。我这一生见过足够多的水下塌方！再往前几米，我注意到船体上的一个裂口让大量的沙子和岩石进入沉船——这足以阻挡我的前进。我正准备转身，这时我的手电筒照到沙子发现有金属反射，我赶紧游过去，从沙子里拔出一根金条！下一刻，我就已经在兴奋地挖着了……金子倾泻而出！我抽出一根又一根金条。看起来裂缝就在存放宝藏的地方……不幸的是，每根金条都重达一公斤之多，如果不放慢速度，我将无法带太多出去。我必须带着帮手和设备回来。现在在这里，我别无选择，只能返回。

318. 玛丽索尔摘下耳机，仔细听我说。"哦，是的！不要错过这个寻宝的机会！"她喊道，然后继续说："我的意思是……历史的见证。好吧，两者都很重要，对吧？"她脸红了点并耸了耸肩。
如果这事儿还没完，我可以询问其他船员或返回第 86 段。

319. 居伊不怕跟我讲他自己的事。"我的真名是吉列尔莫。二十五年多前，我应聘登上了一艘远洋轮船，离开了我的国家乌拉圭，从此我爱上了大西洋。这是同一个海洋，但它又是如此不同，不是吗？我航行了几年，但公海不适合我。我在这里有一所小房子，在市场或农场找活儿做，但只要有机会，我都会开着我的小船沿着海岸探索。我想念我的小船了。这就是为什么我很高兴能和你们待在船上，直到我拥有另一艘船。"

321. ● 奖章塞在圆柱体之间，就像施了魔法一样悬浮着。它们开始旋转得越来越快。设备发出令人头疼的隆隆声，迫使我后退……我去第 300 段。

322. 全体船员聚集在驾驶台，想欣赏下"埃斯库多号"的宝藏。花了几分钟给实心的大金质奖章洗了个化学澡，去除了表面大部分脏东西。
这是一个美丽的雕刻圆盘，与主地图上绘制的罗盘相似。可能是在两千年前消失的某个奥尔梅克工匠的作品。在圆盘中央，刻着一种蜥蜴和数字 20。
我并不太知道那意味着什么，但我希望我能找到使用这个奖章的方法，去探寻"黄金国号"的残骸。
▸ 如果这是我发现的第二条此类线索，我去往第 367 段。
▸ 如果是第三条，我会读第 88 段。我可能会继续探寻这个海域，或者在日历上勾掉一天，然后选择探索另一片海域。

323. 这片海域的底部很柔软，可能是沙或泥土。

324. 全体船员都被发动起来防止我们的船搁浅。我们已经走了大约一半的距离，这段距离将我们与沉船隔开了。
▸ 我们向北、东北航行：第 401 段。
▸ 我们向正北航行：第 144 段。

325. 在这个深度似乎什么都没有。

326. 我转身，生气地打腿蹬着脚蹼以躲避这次攻击！当然不能迎击一个手持鱼叉的人……我意识到自己成了鱼叉完美目标的时候已经太晚了。我去阅读第 78 段。

328. ● 因为一个新的岔路口，我在这个洞穴中的前进放慢了。
▸ 我继续直走：第 198 段。
▸ 我向右转：第 46 段。
▸ 我向左走：第 9 段。
▸ 我返回：第 151 段。

329. 我必须眯着眼才能更清楚地分辨这束光从何而来。在洞穴的天花板上，我看到了一个口子：一个部分被苔藓和植物根系遮住的裂痕。这个裂痕看起来很深，我猜每年太阳只有几次对这个地方直射吧。我很幸运能够看到这样的景象。

330. 盖坦看着我，似乎不明白我在问他什么。我递给他一张纸，上面我抄录了密码信息，他突然大笑起来。"我看起来很懂密码学吗？我虽然有高中文凭，但这不是我的专长。"他带着歉意的微笑说。"问问姑娘们，她们是船上的聪明人！"

331. 当我问玛丽索尔时，她困兽般的眼神盯着我。嘴唇颤抖着，口音比平时更重，她含糊不清地说："我与此无关，我对电子学能了解多少？"我后悔吓到她了，但我装出很凶的样子，确认她没对我有任何隐瞒。她泪流满面，恳求我相信她。我放弃了，并不是她。如果玛丽索尔是我的第一个怀疑的人，我还有时间与其他人聊。否则，我去往第 512 段。

332. 鼓风机逐步清理了一百多平方米的面积，在我们能下潜前，天就黑了。第二天的黎明时分，我们就到了。我们立即潜下水。带上便携式金属探测器、铲子和筛子，我们对该区域进行一丝不苟的检查。大块残骸很快就被我们的探测器探测到了。这确实是一艘沉船，但我们发现的船体碎片令人失望，因为它太新了。桑亚认为这是一艘本世纪初的渔船。我们仍需要几个小时，两人一组轮流尝试鉴别这个沉船残骸。真是白费劲。
然而，当我在检查这些无聊的发现时，一些有意思的事情发生了。无线电突然开始咔啦作响。比起好奇心，我更多的是出于无聊，我试图调整好频率以便能听得更清楚。我只能听懂几个词，但已经很能说明问题了："宝藏……难以置信……很快……吉内布拉。"我冲到甲板上，希望能发现发出信号的海船，但我数了数，我们周围至少有十五艘船。然而，信息的关键是：我们并不是唯一追踪"黄金国号"的人。我想知道这些神秘的竞争对手是谁……我可以通过从第 21 页选择一个区域来继续探索，别忘记在日历上再勾掉一天。

333. 这个频率上有人讲话。是个女声，我无法辨别这个人说话的口音。如果我没有听到她说"想在悬崖上寻找线索，必须在那里潜水"，我会怀疑她给的导航指令。然后收音机静默了。我将无线电打开停留在这个频率，但神秘的声音再也没有出现了。我回到第 26 页。

335. 天花板上的一个洞通向看起来像船员宿舍的地方，可能是军官的宿舍。我用手电筒照亮了床铺的残骸，以及毫无疑问用来悬挂吊床的生锈了的环状物。我的目光被隔板上的不寻常之处所吸引。这艘沉船的植被非常少，不会有海藻或贝类。我挥动着手，驱散了几个世纪以来沉积的沙子和杂质，发现了一幅真的壁画。以一种有点原始的方式用刀雕刻的人物，这些男人很古怪。有些人戴着像气泡的头盔，有些人似乎飘浮在空中。要不是我不信三个世纪以来都没人踏上过"吉内布拉皇后号"，我会认为这是破坏者的恶作剧。看起来就像科幻小说的场景……甚至还有一种会飞的船！真不知道该怎么看待这个发现，我可以进一步向后面的船舱前进，或原路返回。

346. ● 这个异常海域周围的岩石非常多：数百个极小洞穴是害羞的小鱼们的庇护所，当我接近时，这些小鱼都逃进了海藻当中。寻宝之旅卓有成效，因为除了几块毫无价值的铜片外，我的探测器还指引我找到了五枚金币。是时候返回到第 54 页了，在地图上选择另一个目的地，并在经过时勾选一个气泡。

347. 这个频率未被使用，我正要换频率时，听到"哔"的一声。一个口音难辨的女声说道："他们匆忙地出发了。"然后又是一阵沉默，"哔"的一声，又是同一句话。这是录音！这个录音是什么意思？

352. 我知道我必须小心！通过确认声呐所给的信息，我很快意识到底部正在上升，而且是由岩石组成的。简而言之，这真是船的陷阱。我让盖坦驾船后退，然后绕到右舷。我去第 499 段。

367. 在我观察奖章的时候，奇怪的事情发生了。奖章似乎在我的手指下振动，我发现它摸起来异常温暖……我几乎都要以为我手里拿着一台过热的电脑了。这种现象持续了几秒钟，然后就像什么也没发生过一样。后来，我从桑亚那里得知，她看到另一件物品（奖章）几乎在同一时间发生了同样的事情。奥尔梅克的宝藏肯定有些古怪。

376. 我让盖坦多给我讲讲他的事，这位经验丰富的老水手皱了皱眉头。"嗯，没什么好说的！"他嘟囔着，擦了擦额头，额头上留下了一道发动机油迹。"我从很小的时候就开始航海，先是和当渔夫的父亲一起出海捕鱼，接着服过一段时间的兵役。在那之后，在海军当将近十年的潜水员，然后应聘上了一艘集装箱船，我乘坐这艘船纵横七大洋。当我存了足够的钱时，我买了艘渔船捕捞金枪鱼，自己当老板。但不幸的是：我在春季遭遇了一次严重的风暴，我失去了我的船。在经历了一段时间的失业后，我找到了这份工作。这是自我 30 个月大的孙子蒂梅奥出生以来发生在我身上最好的事情！"
我可以回到第 14 页向盖坦提出另一个问题，或者从我停下的地方重新开始。

379. 居伊边挠头边看我给他的纸。"这对我来说太复杂了。抱歉！"

380. ● 我下降的速度比较快。我毫不费力就找到了潜艇的船体。虽然它的船头因为被植被覆盖而难以辨认，但是船尾从沙子中露出来，被破坏的船体就很容易定位了。船体的残骸不多——它一定遭遇了一场特别猛烈的爆炸。我带着手电筒，寻找一个能溜进这堆变形的金属残骸中去的办法，这堆残骸被藻类覆盖，很多海星也在上面安营扎寨。我似乎可以毫不费力地进入船舱。
如果我决定从这边进去，我会转到第 298 段。否则，我可以返回第 52 页选择另一个入口。

381. 我的对手在几千米远的地方看着我到达，当我将刀从一只手换到另一只手时，她攻击了我。我的注意力在刀上，没有注意她。当我抬头时，为时已晚。她抓起一根备用鱼叉。鱼叉来得太快，我根本阻止不了它。我将读第 78 段。

382. ● 将我带到这里的异常情况很重要，原因不必说了：我发现几门大炮埋在大约一米远的地方。它们排成一排，我毫不怀疑，如果我向下挖，会发现船体碎片。在有色金属探测器指引下，我找到了三枚小金币。要么这艘船上的炮手很有钱，要么就是一个打碎的箱子里的东西散落到了海底。无论如何，在返回第 54 页选择地图上的另一个目的地之前，我要感谢运气。

383. 当我让她告诉我更多关于寻找"吉内布拉皇后号"的信息时，玛丽索尔立即将智能手机放回口袋。"哦，我对那个时代的所有的谜团都很感兴趣，"她说。"另外，我希望把它作为我论文的主题。如果我们找到它，或者即使我们只是找到线索，那将是……你们用法语怎么说？太棒了！"

385. ● 这个角落是一片混乱的岩石，上面覆盖着各种绿藻。我在上方几米处游着，感觉像在丛林深处看到了一个山谷的模型。我潜入两个悬崖之间，金属探测器左右摆动。片刻之后，我找到了一枚西班牙金币，然后又找到第二枚、第三枚、第四枚和第五枚。去第 54 页前，我感到很满意。

397. ● 得救了！在黑暗中游了很久后，我从浑浊的水中探出头，花一分钟时间冷静下来。当我的呼吸恢复正常时，我检查了下我的装备并继续勘查。
▶ 我可以回到第 151 段。我没法再清除塌方了。现在这个坍塌太严重了。我必须寻找另一条路。
▶ 或者沿着隧道继续前行：第 328 段。

398. ● 我在"吉内布拉皇后号"的船尾。这里有点像船长舱！窗户奇迹般地仍完好无损。一些沙子从一些破碎的窗格中渗出，但舱内大部分保存得很好。我甚至看到了书残存的书壳和装航海图的纸筒。但我并没注意所有细节。因为这间小屋里有光！在桌子上，一个奇怪的物体闪闪发光。我去第 50 页去看看它是什么。

400. 我们已经用完了我预计这次冒险花的时间。寻宝的代价很高，我的积蓄也花光了。我再也付不起船员的工钱，没有银行家会借钱给我寻宝……如果我知道"吉内布拉皇后号"在哪里，我仍可以潜水去找。不然的话，我们的冒险就结束了。我得悄悄溜了，卖掉"猎人号"，给自己找份办公室工作。这次冒险结束。

401. "猎人号"以蜗牛般的速度移动，当船体撞到沙底时，它的前进被令人不安的噪音打断。突然，我被甩到前面。一下撞击，一声吱吱声，然后我们侧躺在了地上。我听到盖坦开足马力前进时破口大骂，但这无济于事。我们搁浅了！接下来的时间漫长且扫兴。我们向海岸警卫队呼救，等待他们的到来。救援工作很艰难，但我们还是重新启航了。回港后还进行了必要的船体检查和一些小的修修补补，这浪费了我们两天时间。我们营救的水手在离开前简单地感谢了我们。当我们再次行动时，可以从第 20 页的地图继续冒险。注意不要忘记在日历上的勾掉三天。

402. 无线电没有反应。如果我想的话，我能试试另一个频率。

403. 桑亚怀疑地看着我："你疯了吗？你怎么能怀疑我！找那个可疑的水手，或那个孩子！"如果我第一个就问桑亚的话，那我可以继续问别的船员。不然，我就去第 512 段。

409. 寻宝的过程漫长而艰辛：我发现了许多金属碎片，包括一个巨大的弹片。最后，我找到了这个区域异常的来源——不少于五枚的西班牙金币！我越来越近了，这是肯定的。我赶紧回到第 24 页，在地图中选择另一目的地，但没忘勾选一个气泡。

411. 我瓶子里的氧气还没有完全耗尽……可以自由地勘查下一片海域，但如果我决定继续往下走，我应该回到第 50 段，重新试试运气。

412. ● 我焦急地描述我的问题。当盖坦回答我时，他的眼中充满了悲伤："在和你出海之前，他们带走了我的孙子。"
我说不出话来，但我必须给他一些回答。
▶ "你应该报警。"：第 580 段。
▶ "你为什么不告诉我们？"：第 286 段。

437. 当我让她向我讲讲自己的事时，桑亚从她的笔记中抬起头，对我微微一笑，然后非常认真地回答我："我想马上告诉你，我们只是工作关系。我们可能会在合作期间交流一些个人的详细信息，但如果你不介意，我还有工作要做。"又一个转瞬即逝的微笑后，她继续投入工作。如果我愿意，我可以回到第 16 页与她互动。不然，我就自由地继续冒险。

441. 我截获了海岸警卫队和一名开游艇的人之间的对话。没什么很有意思的信息：有一名游客在沿海限速区域开得太快。不再浪费更多的时间，我关掉了无线电，我可以从第 23 页继续冒险。

448. 我们停了船。每隔半小时，我就会爬上驾驶台的顶上，希望能瞥见一缕阳光。但什么都没有。我们只好下定决心在条件简陋的船上过夜。船上甚至连一副纸牌都没有……到了早上，我们都饿坏了，也没有咖啡。如果我早知道，我会带上我的"逃脱游戏"探险桌游。而且天也没亮！我在日历上勾掉一天，然后决定：
▶ 再等一会转至第 60 段。
▶ 冒险在迷雾中航行：我打开无线电，转至第 84 段。

454. 像这样的长音符形状的回声表明有鱼在我们的探测器下经过。根据我们的相对速度，我们可以或多或少地依靠回声大小来估计鱼的大小。在取出鱼竿之前了解这一点很重要！

467. ● 我无意中发现一条大鱼缓缓游到我的身旁。这个通道什么都没有，也没有办法走更远。我只能返回到第 295 段。

468. 我在桑亚对面坐下，请她给我们谈谈"吉内布拉皇后号"的宝藏。她看着我，递给我一杯咖啡。她第一次没有给我想要摆脱我又投入工作的感觉……接下来的谈话引人入胜。桑亚不是我们很感兴趣的那个时期的专家，但她在玛丽索尔的帮助下，深入研究了这个主题。她按日期排序了几十份报告，里面有许多线索。然而，她谈话的结论有点令人失望。"总而言之，我们只有传言，但没有证据。你收到的地图是解开这个谜团的第一个关键要素，只要它不是赝品。你可能已经注意到它上面有几组加密字符，似乎可以追溯到好几个时代……"她指着蓝色的字母补充道，"如果这里是一支圆珠笔写的，我都不会感到惊讶。如果它确实是一件真正的人工制品，也已经传承了几个世纪，每一代寻宝者都对其进行了诠释。蓝色笔迹很可能是贝雷尼斯的。这很令人兴奋，不是吗？"。

469. ● 我的灯光消失在黑暗的巨大甲板上，吸引着几条胆小的鱼。墙壁上覆盖着沉积物，但由于没有光照没有任何藻类在这里生长。我有一种在死去已久的鲸鱼的腹中前进的感觉……我在船的两侧之间越陷越深，我在左右两侧的舷窗做下标记，舷窗那里曾是许多大炮喷涂炮弹造成人们死亡的地方。所有人都失踪了，都被沉入了海底。越往深处走，我就遇到越多堆积的碎片：桶、金属碎片、孤零零的枪架、仍然可辨认的碎绳索。最后，绕过前桅后，我发现一片混乱的铜绿：几十支枪像一堆火柴一样捆在一起。它们的重量捅破了两堵墙，接着它们停了下来，奇迹般地卡在了主桅杆和船体之间。我小心一点应该可以从这一捆枪下游过，到达另一边的船舱。也许我有想法，但我似乎看到了另一端有光：第 47 段。如果我愿意，我也可以转身返回。

470. 忽略氧气流量计变红是潜水员可能犯的最严重的错误之一，但我再不能浪费更多的时间。我可以探索下一片海域，但如果我想继续，必须回到第 50 段再试试运气。

471. 居伊坐了一会儿。"我不太了解你在船上做的事情。玛丽索尔告诉我你在寻找'黄金国号'，我很惊讶。我认识的所有水手都认为它在海上沉没了，再也找不到了！"他开怀大笑，拉着我的胳膊。"但如果有人找到它，我希望是我们。"

484. 我的减压阀中的气压正在下降，但我仍可以自如呼吸并探索下一片海域。注意，如果我想继续，我得回到第 50 段。

485. 探测器探测到海面以下十几米处有一个巨大的物体。它的形状太规则了，不像是一个岩体，而且从密度来看，似乎也不是木质船体……奇怪。我没有立即下潜查看，而是决定将我们另一个声呐放入水中。通过水平扫描，它将使我们能够详细了解我们的发现。我可以去第 52 页了解结果是什么。

490. 我试着让自己平静下来，继续我的探险。目前，我的气瓶里还有氧气，我可以探索下一个区域。如果我想继续前进，我必须回到第 50 段，重新试试我的运气。

498. ● 上升的通道狭窄而曲折，但我还是能顺着它走。它越来越宽，我希望能发现一个洞穴，当我浮出水面时，我感到不可思议。我可以去第 48 页探索这个神秘的地方。

499. 经过几分钟的观察，我们发现自己脱离了危险，集体松了一口气，重新踏上了回港的航程。这片海域没有我们要找的东西。明天我能够探索一片新的海域。我回到第 21 页的导航地图，记得在日历上打钩。

500. ● 在进行刀战前，我应该三思的。他抓住我的手腕，扭转我的刀，用膝盖击退了我。我的注意力在他的刀上，我用另一只手打着我们中间的水，但他并没有攻击我。我就像挣扎的恶魔一样，意识到随时可能受到致命一击。我的心狂跳不止。我用尽全力挣扎，突然我的脚碰到了什么东西。我们附近有震动的感觉。大炮！我推开了他，我们周围的东西变成了一团碎片。"黄金国号"在我们周围隆隆作响。我感受到了一下撞击，接着又一下。那一捆铜枪倒下了。盖坦放开我并试图带我到出口，但为时已晚。我们朝着一面墙游去，一对大炮击穿了墙。接着什么东西击中了我的后背。我知道一切都结束了；盖坦和我将死在海洋深处。就算我们不被这雪崩般的金属压碎，我们也会因为氧气瓶子空了窒息而死。当再次受到击打，我几乎是怀着感激的心情。难以忍受的痛苦并没有持续很久。我最后一次昏倒。这次冒险结束。

501. 我在无线电里只听到几个渔民的谈话。在这个频道上没什么有用的信息。

504. 探测器显示这里只有干扰信号。我心想到底是什么可以让探测器如此混乱。

505. 当我将符号给居伊看时，他脸上的表情难以捉摸。"我不喜欢它，"他咆哮道。"这是一个古老的北欧符文。我认为它代表太阳。但重要的不是它的起源，而是它的用途。这些不受欢迎的人把它作为联络暗号。人们几乎在所有海域用暗语谈论他们——海盗和狂热分子。这是水手之间的传言如果你明白我的意思的话，跟他们对抗就是在自掘坟墓……"听完这些令人不安的信息，我又重新开始了冒险。

511. 我只在这个频率上听到杂音。还不如我在雾中大声呼救！

512. 当"索维洛号"的船体撞击我们的船体时，我身体一震。现在要找到让控制系统重新运行的方法，太晚了。穿靴子的敌人上了"猎人号"的甲板。不一会儿，我们就被全副武装的男人和女人包围了。我举起双手，要求与他们的船长谈话。对着无线电说话的女人上前一步，手里拿着一把大口径的枪。
"这就是著名的'寻宝猎人号'？"她的唇角扬起一抹微笑。她的口音我很耳熟，但我说不出来是谁。她走到我面前，点燃一支雪茄。"好好给我检查这艘破船！我要看着亲爱的考古学家们。"海盗们执行任务去了。我试着和这个女人讲道理——她的人叫她约翰娜——但她用枪托敲击了我的嘴唇，让我知道她并不想聊天。我被猛烈的一击打倒在地，只能任由桑亚擦去流出的鲜血，我的嘴火辣辣地疼，什么也没有说。片刻之后，海盗们将我们找到的所有东西都扔到了约翰娜的脚下：文件、地图、笔记本、电脑、电话……所有的东西都在那里。当然，还有我在潜水时所有的珍贵发现！"索维洛号"的船长只是吹了吹口哨，她的手下就搜罗来了所有的东西。"你要认为自己很幸运，毕竟我们没有把你沉到海底。"她回到她的船上时说。"不要怨恨！无论如何，你都不是寻找奥尔梅克人宝藏的那块料。"
说完这些，海盗们起航驶向公海。我惊呆了，一块手帕还粘在我疼痛的嘴唇上，我看着黑色的船远去，内心充满了绝望。有人摇了摇我。是盖坦。"别担心，我们会找到办法的。"他说，听起来不太令人信服。桑亚帮我站起来。"他是对的：我们最终什么也没有失去，只是一点时间"。玛丽索尔虚弱地笑了笑。"对呀！你想着我已经把智能手机拍摄的照片存储在云端了。这只是用几个小时将所有内容重组在一起的事儿。"好吧，我心想。如果我的团队认为我们可以继续，那我们就继续！我需要在日历上勾上两天而不是一天，但我可以继续探索地图第 21 页。

524. 无线电什么内容也没有。

525. ● 我游过舱门，发现分解了的有机物真是混沌一片。在覆盖着藻类的沙堆中间，我看到了桶的碎片残骸。上面的甲板可能随着时间的推移而倒塌。当我检查这些残骸时，我发现塌方并没有完全阻塞通道。两三块木板形成的拱形，只要我清除一些碎片，我就可以从它下面溜进 170 里。这需要我尽力，这就像在正常代价之外再花费 2 个气泡一样。
▸ 如果我愿意，我可以不着急以免太累，因此不要勾选 2 个另外的气泡，但接下来我让追捕者前进。
▸ 我也可以返回，但回到第 127 段会花费我 1 个气泡。

538. ● 我慢慢潜入海底。在厚厚的一层海藻和贝壳下，部分埋入沙子的潜水艇的形状并不易分辨。幸运的是，我知道我要找什么！司令塔露出来了，我马上看到了舱口。舱口大开。我想这座建筑在潜航时并没有沉没，而且它的工作人员能够从中撤离。
▸ 要打开舱口，我会转到第 68 段。
▸ 如果我想试试其他入口，我可以到第 52 页选其他入口。

544. 看起来好大一群鱼。可惜我们不能脱身去钓鱼！

545. ● 在整个谈话过程中，我设法将那团乱糟糟的炮筒抛在身后。更多的是因为我害怕几吨重的铜砸在头上，但现在我可以利用它了。我朝最近的一群敌人射击，希望能牵制他们。我去往第 69 段。

553. 一条被鱼群落下的鱼？在这片海底似乎没有其他有趣的东西出现……

556. 像这样从对角处出现的一些小回声，往往是气泡从海底溢出的信号。海底刚好在我们探测器的范围内……如果我们离海岸越远，我们就不能再指望找到沉船了。

567. "猎人号"在海底沙洲之间梭，发动机慢慢转动，所有人的眼睛都盯着水面。最后，我们离搁浅的小船还有二十多米。盖坦让我们的救生艇漂浮起来，准备去接水手。让我们的船原地不动，是一项艰巨的任务，我不太自信，但盖坦坚持这样做：这是他作为水手的责任。即使抛锚，我也必须小心，不能让水流把我们冲到浅滩搁浅，我几乎没有时间去佩服我们这些水手的实力。漫长的几分钟后，他带着我们的幸存者回到船上。我可以去第 36 页见他。无论如何，这就是我们今天所能做的一切。要探索另一片海域，我必须在日历上勾一天。

576. 我问居伊他认为挖掘该片区是否明智，他兴奋地回答："当然了！你们是考古学家，对吧？不挖怎么找到宝物？"

577. 在这个深度，探测器检测不到任何东西。

578. ● 我蹬了几下脚蹼，加快速度向潜艇船头下降。从这里看，它就像一块长长的岩石，就像海底一样布满了藻类。船头部分埋在沙里，我要进入鱼雷发射管的话，需要一些时间和精力。
▸ 如果我选择这个选项，必须在去第 16 段之前多花一个气泡。
▸ 否则，我会返回第 52 页选择其他进入方式。

580. ● 盖坦摇头。他的回答含混不清："太冒险了。回到船上，走吧，别忘了我的家人。"我必须做出决定。
▸ 我可以去第 545 段，假装服从并试着强行通过。
▸ 或者我可以直接拒绝并尝试找到说服盖坦的理由：第 206 段。

598. ● 这个深度的密集度的变化挺有意思。很少有岩石分布得如此孤立……很可能是残骸。我在想是否值得对该区域进行探测。谁知道呢，也许我会找到一条"吉内布拉皇后号"的线索呢？
▸ 如果我选择这样做，我要去第 54 页。
▸ 否则，我会返回第 24 页。

600. 我要赶快在氧气完全耗尽之前做完正在做的事情。是压力太大，还是氧气不够了？我的呼吸越来越困难。我得尽快上去，但我不确定双腿是否听我的使唤。我的视野逐渐变窄，我的喉咙拼命想咽下一大口氧气，但并没有氧气。绝望地挣扎很久过后，我筋疲力尽了。然后我沉入海底……这次冒险结束。